AF338104

# MANUEL DU VOYAGEUR

## A PARIS,

CONTENANT la description des Spectacles, Manufactures, Etablissemens publics, Jardins, Cabinets curieux, etc,

AVEC la division de Paris en douze arrondissemens, et la notice des rues par ordre alphabétique.

A PARIS,

Chez FAVRE, Libraire, Palais-Egalité; Galeries de bois, N°. 220, aux neuf Muses.

AN VII.

# MANUEL DU VOYAGEUR A PARIS.

## BIBLIOTHÈQUE NATIONALE,

### *Rue de la Loi.*

ELLE est ouverte, à commencer du 15 vendémiaire au 15 fructidor, pour les artistes, tous les jours depuis 10 heures jusqu'à deux ; et pour le public, les 3 , 6 et 9.

L'origine de cette Bibliothèque remonte à Charles V, qui ajouta environ 900 volumes à la bibliothèque du roi Jean son père, qui consistait en six volumes de sciences ou d'histoire, et de trois ou quatre volumes de dévotion. Cette collection fut placée dans une tour du Louvre, qu'on nomma la *Tour de la librairie*, et qui fut éclairée par trente petits chandeliers et une lampe d'argent, allumés toutes les nuits, afin que les savans y pussent travailler à toute heure ( facilité qu'ils sont bien loin de trouver aujourd'hui ). Le duc de *Bedfort* acheta les 150 volumes qui composaient cette bibliothèque, lorsque Paris tomba au pouvoir des Anglais, en 1429, et les paya 1200 liv.

Louis XI ramassa les débris épars de cette bibliothéque, et profita des ressources que lui offrit l'invention de l'imprimerie. Charles VIII y ajouta ce que la conquête de Naples lui permit de recueillir. Louis XII y joignit la bibliothèque de Pétrarque. François premier l'enrichit de manuscrits grecs. Henry II l'augmenta, au moyen de l'ordonnance de 1556, qui enjoignait aux libraires dè fournir aux bibliothèques royales un exemplaire en vélin, de tous les livres imprimés par priviléges.

Le plafond de l'escalier est peint

par *Pelegrini.* Cette immense bibliothèque, composée de plus de deux cents
mille volumes, est divisée en cinq dépôts; le premier, contenant les livres
imprimés, occupe au premier étage des
trois côtés de la cour, une étendue d'environ 1500 toises, sur 4 de largeur.

Le *Parnasse français*, par *Titon-
Dutillet*, est dans la seconde salle à
droite. Dans un autre sallon sont deux
globes, l'un céleste et l'autre terrestre,
construits en 1683 par le Jésuite *Coro-
nelli*, pour le cardinal d'*Estrées*.

La galerie des manuscrits, dite *galerie Mazarine*, en contient 30 mille
sur l'histoire de France, surtout depuis
le règne de Louis XI, dont 25 mille
en langues savantes ou étrangères.

Les cinq grandes pièces, au second
étage, contiennent les titres et généalo-
gies, et renferment 5 mille boëtes ou
porte-feuilles.

Le cabinet des médailles est décoré
de quatre dessus de portes, par *Boucher,*

de trois grands tableaux de *Natoire*, représentant *Thalie*, *Calliope* et *Terpsicore*; de trois de *Carlo-Vanloo*, représentant Psiché conduite par l'hymen, l'inventrice de la flûte, et les trois protecteurs des Muses.

Le cabinet des antiques, situé au-dessus, renferme les bustes, vases, inscriptions, instrumens de sacrifices, etc. rassemblés par le célébre *Caylus*.

Le cabinet des gravures, placé dans un entresol, est formé de cinq mille volumes, divisés en douze classes. La première comprend les sculpteurs, architectes-ingénieurs et graveurs, divisés par écoles. La deuxième, les estampes, emblêmes, et devises de piété. La troisième, les fables et antiquités grecques et romaines. La quatrième, les médailles, monnoyes et blasons. La cinquième, les fêtes publiques, cavalcades, tournois. La sixième, les arts et les mathématiques. La septième, les estampes relatives aux romans et facéties. La huitième, l'histoire naturelle dans tous les genres. La neuvième, la géographie. La dixième, les plans et les élévations des édifices anciens et modernes. La onzième, des portraits de tous états, au nombre de plus de 50 mille. La douzième, le recueil des modes et des costumes de presque tous les pays du monde. Le porte-feuille de *Gaignieres*, dans cette dernière classe, renferme la collection la plus étendue que l'on connaisse des modes françaises, depuis Clovis jusqu'à nos jours. La plupart des feuilles sont en couleur, quelques-unes sur vélin, copiées d'après des vitraux, des tapisseries et des tombeaux. Le portrait du roi Jean, premier monument de la peinture en France, est dans ce dépôt : il est assez bien conservé.

Les citoyens *Caperonnier* et *Van-Praët*, joignent aux connaissances qu'exigent leurs fonctions, le zèle et l'activité ; mais on souhaiterait qu'ils fussent imités par leurs collègues, et que le littérateur fût servi avec plus de promptitude. Le génie a des ailes, et tout ce qui l'entoure doit en avoir, pour ne pas retarder sa marche, quand la mémoire manque à ses recherches. Enfin, cet immense dépôt devrait être, comme sous Charles V, ouvert à toute heure aux savans, et quelques-uns des employés plus exacts à leur poste.

# BIBLIOTHÈQUE DE LA VILLE,

*Dite Dépôt de Louis-la Culture, rue Antoine, maison St.-Louis.*

ELLE est ouverte tous les jours pairs, excepté le décadi, depuis 9 heures jusqu'à trois.

Elle est riche en herbiers et en dessins de plantes. Les peintures de la bibliothèque et du plafond de l'escalier sont de *Gio Girardini*, peintre italien. Au haut de l'escalier, est un tableau allégorique sur la paix de 1762 , peint par *Hallé.*

Le conservateur du dépôt est le citoyen Van-Thol : c'est une école centrale composée de 9 professeurs , et d'un bibliothécaire , le citoyen Nicoleau.

Les professeurs sont les citoyens :

*Ordre des Cours.*

Le Blanc...Langues anc. ..tous les j

Valmont de Bomare .. }Hist. naturelle.. *idem.*

Regnault...Le Dessin..... *idem.*

Costaz .....Les Mathémat. .j. imp.

Libes ......Phys· et Chymie.j. pairs.

Thiebault ..Gramm. génér..j. imp.

Millin .....L'Histoire..... *idem.*

St.-Aubin ..Législation .. .j. pairs.

St.-Ange ...Belles-Lettres.,,. *idem.*

## BIBLIOTHÈQUE DE St.-VICTOR.

Elle fut, en 1652, la première que l'on eût rendue publique à Paris. On remarque parmi ses nombreux manuscrits, un recueil de procédures faites contre *Jeanne d'Arc*, dite *la Purelle d'Orléans*; et des tablettes enduites de cire, suivant l'usage ancien, qui sont composées de quatorze grandes feuilles, et sont un état de dépense faites par *Philippe-le-Bel.*

## BIBLIOTHÈQUE DU PANTHÉON,

### *Ci-devant Ste.-Geneviève.*

Elle est ouverte tous les jours, excepté le décadi, depuis 10 heures jusqu'à deux.

Elle contient environ quatre-vingt

mille volumes et deux mille manuscrits. Elle est éclairée dans le milieu par un petit dôme, dont la coupole fut peinte par *Restout* père, en 1730, et représente l'apothéose de St. Augustin. La perspective du fond est de *Lajoue*, Les bustes des grands hommes sont de *Coisevox*. On y voit celui de l'astronome *Pingré*, dernier bibliothécaire de ce dépôt.

A l'entrée du *Cabinet d'antiques*, est le plan de la ville de Rome, en relief, colorié, exécuté par *Grimani*, en 1776.

Le fabuliste *Lemonnier*, traducteur de Plaute, mort le 13 germinal an 5, était à cette bibliothèque. Sa mémoire sera chère à tous ceux qui aiment les mœurs patriarchales. Il fut l'ami de la célèbre *Guimard*, qui le soutint dans sa pauvreté. C'est faire l'éloge de tous deux.

Le citoyen Daunou est à cette bibliothèque.

On a attaché à cette bibliothèque une

école centrale, divisée en trois sections.

P R O F E S S E U R S :

Mahérault..Cours élément. . $\Big\{$ tous les j. exc. les 5 et décadis.

Binet. . . . ...Langues anc...    *idem*

Cuvier.. . ..Hist. naturelle.   *idem.*

Bachelier. ..Dessin........   *idem.*

*Deuxième Section.*

Labey......Mathématiques.   *idem.*

Deparcieux. $\Big\{$ Ph. et Chym. experiment. . $\Big\}$ jours pairs.

*Troisième Section.*

Duhamel. ..Grammaire gén. jours imp.

Bois-Jollin .Histoire.......   *idem.*

Perreau. ...Législation....jours pairs.

Sélis ......Belles-Lettres. jours pairs.

*Tarré*, inspecteur des élèves de dessin.

*Leclerc*, aide-professeur de physique et chymie.

*Duverger*, agent-secrétaire, pour l'inscription des élèves et archives.

# BIBLIOTHÈQUE

## SAINT-GERMAIN-DES-PRÉS.

Elle fut brûlée le 19 août 1794. On prétend que les manuscrits au nombre de plus de 900 ont été tous sauvés et réunis à ceux de la bibliothèque ci-devant royale. On y distinguait un *psautier* sur vélin pourpre, écrit en lettres d'argent ; et un petit *in-folio*, écrit au septième siècle, sur le papyrus d'Egypte, contenant les lettres de St.-Augustin. Le cabinet des antiques, commencé par le célèbre *Montfaucon*, n'existe plus.

# BIBLLIOTHÈQUE MAZARINE,

## OU DES QUATRE-NATIONS.

Elle est ouverte tous les jours depuis dix heures jusqu'à deux, excepté les 5 et les 10.

Elle était publique depuis cent-onze ans, et contenait environ 60 mille volumes. Il y a une école centrale, divisée en trois sections. Les professeurs sont :

| Langues anc... | {Gueroult ... / Dumouchel. } t. les j. |
| Hist. Naturelle.. | Brogniart.... *idem.* |
| Dessin ......... | Moreau jeune. *idem.* |

### Deuxième Section.

| Mathématiques .Lacroix .....j. imp. |
| Physique ......Brisson ......j. pairs. |

### Troisième Section.

| Gramm. génér...Domergue ...j. imp. |
| Histoire.......Mentelle.....t. les j. |
| Législation ....Grivel.......j. pairs. |
| Belles-Lettres. Dumas ......t. les j. |

BIBLIOTHEQUE

# BIBLIOTHÈQUE DE L'ARSENAL,

*Cour des Vétérans , par le quai des Celestins.*

ELLE est ouverte les 1 , 3, 6 et 8 de chaque décade , depuis 10 heures jusqu'à 2 , du 15 vendémiaire au 15 fructidor.

Une très-grande partie de cette immense bibliothèque , appartenait au ci-devant comte d'Artois. Quoique ce dépôt ne soit pas public , le libraire Saugrain qui en a la garde , se fait un plaisir d'en donner communication aux littérateurs. Elle contient de beaux manuscrits sur vélin , ornés de vignettes , qui gagnent au moins par la beauté du coloris ce qu'elles perdent par l'expression.

C'est sur la porte de l'Arsenal , du côté du quai des Célestins , construite en 1584 , qu'étaient , avant la révolu-

B

tion, ces deux vers de Nicolas Bourbon, si admirés de Santeuil.

*Ætna hæc Henrico vulcania tela ministrat,*
*Tella gigantæos debellatura furore.*

La bibliothèque de la Doctrine Chrétienne y a été réunie : elle fut ouverte en 1718 ; elle était composée d'environ 20 mille volumes.

Il y en avait encore une très-utile, c'était celle des avocats. Huit ou neuf d'entr'eux s'y rassemblaient un jour par semaine, et y faisaient des consultations gratuites en faveur des pauvres. Toùs les quinze jours, il s'y tenait des conférences en matière de droit.

---

# BIBLIOTHÈQUE

## DE L'INSTITUT NATIONAL.

ÉLLE est ouverte tous les jours depuis 9 heures jusqu'à deux, et le soir des

jours de séance, depuis 4 jusqu'à 10,
pour les membres associés. Pour le
public, depuis 9 heures jusqu'à deux,
tous les quintidis.

*Bibliothécaire*, Lassus, membre de
l'Institut national, pavillon des archives.

# BIBLIOTHÈQUE

## Du Conseil des Cinq-cents.

C'est dans cette bibliothèque que sont
déposés tous les ouvrages dont les auteurs ou les éditeurs font hommage au
conseil, dans la seule vue de leur donner une publicité hâtive, une annonce
plus rapide et gratuite, et d'obtenir une
mention honorable qui ne coûte rien à
personne. On a réuni à ces espèces d'*ex
voto*, fruits d'une spéculation mercan-
tile, plusieurs autres ouvrages, tirés
des autres dépôts, et qui, au moment
où nous écrivons, peuvent monter en

totalité à 15,000 volumes, bien reliés, bien conditionnés, si l'on en excepte ceux qui ayant été imprimés en l'an 2, portent les couleurs de cet âge d'ignorance et de misère.

Le bibliothécaire de ce dépôt est le citoyen *Simon*, *de Troyes*. Cet excellent bibliographe, ce lettré laborieux, a donné sous le voile modeste de l'anonyme, plusieurs ouvrages traduits de l'italien, et remplis d'érudition, entr'autres un choix de poësies, traduites du latin et de l'italien, en deux vol. in-18, imprimés dans la belle collection de Cazin.

---

# BIBLIOTHÈQUE

## Du Directoire exécutif.

Nous ignorons si cette bibliothèque sera publique ou non. Il est à présumer qu'elle sera belle, et qu'elle sera digne

du pouvoir suprême. On désigne le citoyen *Lemaire*, pour garde de ce précieux dépôt. On le dit instruit ; mais
n'est-il pas des littérateurs plus célèbres
et plus dignes de cet emploi ?

---

# LA VEILLÉE,

*Place du Palais, entrée du théâtre
de la Cité.*

Saint Pierre-des-Arcis est bien étonné
de voir que sa petite église est devenue le
rendez-vous de la plus brillante société
de Paris, et rivalise les vallées de
Tempé.

Ce nouvel établissement, formé au
centre de la ville, présente le spectacle
intéressant de la végétation la plus
riante, une foule de sites les plus pittoresques, au milieu des glaces de nivose,
et l'ensemble piquant et varié de tous
les plaisirs que procurent à peine les

plus belles saisons. Les personnes qui se rappellent le *Waux-hall* de la foire St. - Germain, l'enthousiasme que fit naître la salle de l'opéra de la porte St· Martin, bâtie en 60 jours, concevront une favorable idée de la *Veillée*, qui est du même auteur, le citoyen Lenoir; en observant cependant que le Waux-hall n'était que l'essai d'un vaste projet, que l'on fut forcé d'abandonner, au lieu que celui-ci est fini dans toutes ses parties.

La Veillée n'offre point une suite d'appartemens symétriques, où quelque puisse être la variété des décorations, la richesse des meubles et l'éclat du luxe, on est toujours fatigué d'une jouissance monotone, quand le premier coup d'œil a tout vu, tout embrassé. Ici les tableaux changent à chaque pas; du rez-de-chaussée au faîte de l'édifice, des pentes insensibles conduisent à travers des sinuosités; des anfractuosités de rochers offrent sans cesse des cadres heureux, où le spectateur est lui-même tableau, et où la beauté dans le costume le plus élégant, s'applaudit de briller d'un nouvel éclat. Rien n'a été oublié pour faire de ce spectacle un lieu de féerie ; décors superbes et nouveaux, costumes exacts et brillans, scènes plaisantes et variées, amusemens multipliés, tout est mis en usage pour fixer l'attention et entretenir la gaîté. La jeunesse y trouve deux orchestres toujours prêts à faire entendre ces sons qui réveillent en elle le goût de la valse voluptueuse, et de ces danses qui donnent à la beauté l'occasion de déployer dans toute sa splendeur le développement de ses formes, la légèreté de ses mouvemens, la flexibilité de ses contours, et toutes les graces qui électrisent les cœurs les plus froids. L'enfance y trouve des amusemens proportionnés à son âge et des alimens à son active curiosité. La vieillesse y trouve des souvenirs, et le père de famille y jouit de l'allégresse de ses

enfans. L'âge mûr y trouve en lectures ,
en conversations , dans deux salles dis-
posées à cet effet , en jeux , en expériences , en curiosités , tout ce qui peut
le flatter et lui plaire. Deux théâtres ser-
vent à y représenter des proverbes , des
vaudevilles , et les jolies pièces de Flo-
rian et de Berquin. Les ingénieuses
découvertes de la physique y appel-
lent ceux qui pensent que s'instruire en
s'amusant est le premier bonheur de la
vie. Une chaumière placée derrière les
ruines d'un temple est habitée par une
villageoise qui offre aux amateurs du
laitage , des gauffres , des croquets. Un
limonadier présente des rafraîchisse-
mens dans diverses grottes , bosquets et
de riches pavillons. On descend par une
rampe douce chez un restaurateur , qui
occupe le rez-de-chaussée. Une allée de
verdure , percée dans le rocher et embel-
lie de volières , se termine par un théâtre. Elle est décorée de huit boutiques,
dont chacune contraste avec sa voisine ,

et offre un rapprochement singulier.
Des armes vis-à-vis des modes , des livres vis-à-vis des jouets d'enfans , etc.
L'ouverture de ce lieu enchanté , que
l'on ne pent décrire, a eu lieu le 3o
nivôse. Le prologue d'ouverture a été
composé par Patrat , littérateur connu.
Ce local est ouvert toute l'année pour
les sociétés , les familles qui voudraient
y donner des fètes , des réunions , des
bals et des festins de mariages.

_Le prix du billet d'entrée est de 5 fr.
pour deux personnes qui ne s'y abonnent
point , et de 3 fr. pour celles qui pren-
nent un abonnement. L'administration
ayant prévu tous les besoins et les
moyens d'y pourvoir , a supprimé l'u-
sage des contre-marques comme inutiles,
et pouvant occasionner des abus qui
nuiraient à la décence et au bon choix
des personnes admises à cette fète.

Les bureaux s'ouvrent à 6 heures du
soir. Les amusemens commencent à sept,
les 5 et 10 de chaque décade. Ils sont ,

comme les fêtes extraordinaires , indiqués par l'affiche.

C'est sur-tout en faveur des étrangers que nous nous sommes étendus ici sur cette description très-imparfaite encore; persuadés que , si la paix dont tout l'univers a soif, les amène dans la capitale, ils nous sauront gré de leur avoir enseigné les moyens de favoriser les arts qui s'occupent de leurs plaisirs.

---

# INSTITUT NATIONAL

## DES SCIENCES ET DES ARTS.

### *Au Louvre , sous le Télégraphe.*

CET institut est la première des sociétés savantes de Paris ; elle appartient à toute la république ; son objet est de perfectionner les arts par des recherches non-interrompues, par l'examen des travaux scientifiques et littéraires, et par la correspondance avec les sociétés savantes et étrangères.

Elle est composée de 144 membres résidans à Paris, d'un égal nombre répandu dans les départemens, et de savans étrangers qu'elle s'associe, au nombre de 24. Elle est divisée en trois classes ; savoir :

Les sciences physiques et mathématiques ;

Sciences morales et politiques ;

Littérature et Beaux-arts.

Chacune de ces classes est divisée en plusieurs sections. Voyez le recueil de ses mémoires, pour l'an 7 , 3 vol. in-4o. brochés en carton. — 39 fr. et en papier vélin, 60 francs.

Il s'est glissé dans la composition de cette respectable réunion de savans, quelques élémens qui n'y devaient pas entrer ; mais la mort corrigera ces erreurs. *Louvet* était de l'institut, et *Rétif de la Bretonne* n'en était pas. On y voit *Andrieux*, auteur d'une pe-

tite comédie, et *Clément* n'en est pas.
Pourquoi ces erreurs ? pourquoi tant de
conventionnels ? c'est que la convention a créé l'Institut : c'est parce que
le talent seul ne suffisait pas , s'il n'é-
tait accompagné d'un zèle fortement
prononcé pour le maintien de la république.

## LYCÉE DES ARTS.

CE Lycée , fondé en 1792 au cirque ,
jardin du Palais-Egalité, a été incendié le 25 frimaire an 7 , et tient aujour-
d'hui ses séances à l'Oratoire , rue Honoré. Ce Lycée a long-temps tenu une
séance publique régulièrement tous les
mois. On y couronnait les inventions
utiles ; on distribuait des prix à leurs
auteurs ; on décernait des médailles à
tous ceux qui , dans les différentes classes de l'industrie , avaient perfection-
né quelqu'objet d'utilité publique.
L<sup>a</sup>

Le nombre des sociétaires est de 300. On y compte plusieurs membres de l'Institut national et des autres sociétés savantes les plus distinguées. La société est divisée en 9 classes. La partie active est composée de sept commissaires de chaque classe, nommés au scrutin, qui forment une commission générale.

Il faut, pour y être admis, être présenté par deux membres de la classe dans laquelle on doit entrer. Ensuite, d'après un rapport, on est passé au scrutin dans une assemblée générale. La cotisation est de 12 francs par an. Le comité des arts s'assemble le septidi de chaque décade, à 6 heures du soir. Les mémoires, plans ou modèles doivent être adressés, francs de port, au président du Lycée des arts. — Les cours d'été commencent en prairial, ceux d'hyver en brumaire, et durent chacun quatre mois. L'annuaire du Lycée paroît chaque année, il rend compte de tous les travaux et des inventions couronnées. Le secrétaire-général de cette utile association, est le citoyen *Charles Desaudray*, qui l'a mise plusieurs fois à deux doigts de sa rupture, par ses prétentions exagérées.

---

## LYCÉE RÉPUBLICAIN.

CE Lycée, fondé depuis treize ans, ouvre aux sciences un asyle où la jeunesse studieuse et les paisibles amis des connaissances utiles puissent trouver l'aliment de l'esprit et les charmes d'une réunion entièrement vouée à sa culture. Ce Lycée se tient, rue du passage Valois, au coin de la rue Honoré, n°. 1095. Les cours, toujours suivis et complets, sont ouverts tous les jours, depuis le 11 frimaire jusqu'au 30 messidor.

### ORDRE DES COURS.

Les 2 et 6. Hist. Nat. *par* Brongniart.

Les 4 et 6. { Géograp. phy- } Coquebert.
{ sico-économ.. }

Les 2 et 8. Chymie . . . . . Fourcroy.
Les 2 et 7. Lang. italienne.Boldoni
Les 3 et 7. Physique  .  Deparcieux.
Les 4 et 7. Ana. et Physiol.Sue.
Les 4 et 8. Lang. anglaise.Roberts.
Les 5 et 9. Arts et métiers.Hassenfratz.
Les 5 et 9. Histoire. . . . .Garat

L'auteur du *Tableau de Paris*, de l'an 2240, etc. l'ex-deputé Mercier, y tient un cours de morale, où, dit-on, on veut bien l'écouter.

# SOCIÉTÉ

### DES BELLES-LETTRES,

*Au Palais national des Sciences et des Arts.*

IL existait à Arras, en 1786, une société de littérateurs sous le nom de Rosati, dont les plus distingués étaient les citoyens *Roman*, *Legay*, *Carnot*, *Champ - Morin*, *Sylva*, *Dumeny*,

*Dubois - de - Fosseux* , *Cot* , l'abbé
*Berthe*, *Desruelles*, de la *Roquemont*,
*Vaugrenant* , *Harduin* , *Foassier de
Rusé* , *Simon de Troyes* , *Ducray-
Duminil* , etc. C'était dans une terre,
nommée le *Valmuse* , auprès de Douai,
appartenant au cit. *Roman*, que cette
société anacréontique tenait ses assemblées sous un bosquet de roses. Elle y
admit des femmes aimables , qui , s'oc-
cupant principalement de la botanique,
se nommaient *Valmusiennes* ou *Boca-
gères* , et avaient chacune un arbre sous
sa protection. La danse , l'escarpolette ,
la poësie légère et les exercices cham-
pêtres remplissaient leurs doux et innocens loisirs. La révolution ayant dispersé
tous les membres de cette joyeuse loge,
quelques littérateurs , assemblés en l'an
3, au Lycée du Palais-Egalité , prirent
le nom de *Rosati* , et tinrent leurs
séances les primidi de chaque décade.
Ils rappellèrent avec eux quelques-uns
des anciens *Rosati* , et entr'autres le

cit. *Carnot*, alors membre du directoire exécutif; voici un fragment de l'Epitre qu'on lui adressa à ce sujet.

Aux lauriers que Pallas t'apprête,
A ses fleurons majestueux,
Préfère la simple fleurette
Qui paye un vers voluptueux,
Plus d'une belle se dispose.
A t'offrir après ta chanson
Le myrthe et la fleur demi-close
Dont s'ombrageoit Anacréon.
D'un vin qui rit dans la fougère
Viens humer la mousse légère,
En chantant un hymne à Bacchus;
Et sur le front d'une Rosière,
Prendre un baiser, tel qu'à sa mère.
En donne le fils de Vénus.

. . . . . . . . . . . . .

Si le souci qui t'environne
T'éloigne de notre réduit,
Laisse au Luxembourg ta personne,
Mais que ta muse au moins nous donne
Des nouvelles de ton esprit.

. . . . . . . . . . . . .

Souviens-toi, chantre des Corinnes,
Qu'en nos annales purpurines,
Ton nom célèbre s'est trouvé :
Qu'ici par la reconnaissance

Et le dieu qu'à Chypre on encense ,
En lettres rose il est gravé.

. . . . . . . . . . . . . . .
Nous te nommons,  malgré toi-même ,
Unanimement *Rosati.*
Ainsi fait , le vingt-unième
Du mois où la rose a fleuri ;
L'an cinq , où la paix a souri ,
Dans *Eden* , dont la porte est close
A la haine , au chagrin obscur :
Scellé de notre sceau de rose ,
Et signé , *ne varietur.*

Les spéculations mercenaires du citoyen *Desaudray* , dans ses *fêtes de
Rosières* , et autres projets d'entrepreneur , déplurent à la société , qui ne
voulut pas être compromise et asservie.
On abandonna le citoyen *Desaudrai* ,
et le gouvernement s'empressa de don—
ner aux *Rosati ,* une salle dans le Palais national des Sciences et des Arts,
où ils sont aujourd'hui. Le nom de *Rosati* fut changé en celui de *Société des
Belles-lettres* , et le nombre des littérateurs qui se présentèrent pour y être
admis , s'accrut considérablement.

Ses assemblées publiques y attirent toujours la foule, et jamais le pédantisme et la petite vanité des coteries n'y a trouvé une place. La musique vocale et instrumentale, des poësies ingénieuses remplissent les soirées, et les font toujours trouver trop courtes et trop rares. Les artistes dans ces trois genres unissent la modestie au talent. Les plus distingués dans la poësie, sont les citoyens *Daru*, traducteur d'Horace, *Deguerle*, *Miger jeune*, *Cailly père*, *Favart fils*, *Lefranc*, *Prévost-d'Iray*, *Dumoutier*, *Jauffret*, *Mercier de Compiègne*, *Terrasse*, *Lavallée*, *Barreau*, *Creuzé de Lessert*, *St. Cyr*, *Monvel fils*, *Dufour*, *Lantier*, etc. Pour la partie instrumentale, les citoyennes *Chrétien*, *Pothier*, *Georgeon*, *Rondonneau*, etc. Pour le chant, *Fay cadet* et *Pothier*. *Nadermann* et le fameux *Balbâtre* y répandent quelquefois le charme de leur brillante exécution, l'un sur la harpe, l'autre sur le piano.

Les séances publiques ont lieu le 25 de chaque mois.

---

# PALAIS NATIONAL

## DES TUILERIES.

LA description de ce Palais se trouvant dans plusieurs ouvrages, tels que ceux de *Dulaure*, de *Piganiol* de *La Force*, etc., nous y renvoyons l'amateur ; mais nous allons lui faire connaître les changemens faits à ce jardin, depuis que les conquêtes des français dans l'Italie nous ont fourni des moyens de l'embellir.

Le portique du Palais est décoré de plusieurs statues vêtues de la toge. A chaque côté de la porte principale est un lion en marbre, ayant un pied sur une boule.

Sur la terrasse du côté de la rivière, sont : 1°. VÉNUS sortant du bain. 2°. L'APOLLON du BELVÉDÈRE. 3°. Le grouppe de LAOCOON, par Polidore, Agesandre et Athénodore. 4°. La DIANE, nommée par les antiquaires, *Succincta.* 5°. HERCULE portant Ajax.

En face du Palais National. 1°. Un GUERRIER combattant. 2°. Un GUERRIER mourant. 3°. L'ECORCHEUR DE MARSIAS, appellé vulgairement le *Rémouleur.* 4°. VÉNUS, dite à la *Coquille*, accroupie et sortant du bain. Toutes ces figures sont en bronze.

Allée en face du parterre, en venant de la terrasse de la rivière. 1° La FLORE FARNEZE ou Muse. 2°. DEUX GÉNIES. 3°. Un BACCHUS. 4°. Un FAUNE. 5°. Une DIANE.

Salle de gazon, côté du manège. HYPPOMÉNE ET ATALANTE. Au fond est un APOLLON, en avant d'un fer à cheval décoré d'un sphinx thébain, à chaque extrémité.

Salle parallèle, côté de la rivière. APOLLON ET DAPHNÉ, et au fond la VÉNUS *Callypiga*, c'est-à-dire *aux belles fesses.*

Salle des maronniers , côté du manège : le CENTAURE.

Au côté opposé : les LUTTEURS , par
*Maguin.*

Plus loin du même côté , un AN-
TINOUS.

Dans la niche sous l'escalier du milieu
de la terrasse , côté de la rivière , la
statue de CLÉOPATRE , couchée , ayant
autour du bras droit l'aspic avec lequel
elle se donne la mort.

Allée des orangers , côté de la place
de la concorde , le MÉLÉAGRE , statue
antique , justement admirée.

Terrasse du manège , côté de l'escalier , l'HERCULE FARNÉSE.

Dans la niche à droite , en face du
bassin octogone , un FAUNE *portant*
*un chevreau.* Dans celle à gauche , le
MERCURE FARNÈSE.

Les chevaux de Marly sont à l'entrée des Champs-Elysées.

Le pavillon de l'Unité est décoré du
côté du jardin par deux cadrans , dont

l'un marque les heures dans la division décimale, et l'autre dans l'ancienne.

La cour, du côté de la place du carrousel est plantée de petits arbres.

On desire vivement y voir une grille digne de la noblesse de ce premier Palais de l'univers.

---

# PALAIS

## DU CONSEIL DES CINQ-CENTS,

### *Ci - devant Bourbon.*

CETTE salle a été reconstruite en l'an 5, sur l'emplacement des grands appartemens du Palais Bourbon, sur les dessins du citoyen Gisors, et décorée à l'intérieur par les citoyens Percier, Fontaine et Thibaut. L'entrée principale est sur la place ; l'autre au bout du pont de la Révolution, sert aux députés et aux citoyens des départemens. On n'y entre qu'avec une carte : l'en-

trée de la tribune publique est pres-
qu'en face de la rue de Lille. L'escalier à double rampe est de la plus grande
légèreté.

La forme de la salle est demi-circulaire. Le bureau du président et la tribune de l'orateur sont au centre : les
sculptures sont du citoyen *Lemot.* Le
bas-relief de la tribune représente la
France écrivant la constitution, et la
renommée qui la publie. En face de la
tribune, est un autel en marbre, sur
lequel est le livre de la constitution de
l'an 3. Le bureau du président, en
acajou massif, est orné de quatre gai-
nes, dorées en or moulu. L'intérieur
de la salle est en stuc. Une colonnade
circulaire, d'ordre ionique, décore la
partie supérieure.

Le jour vient de la coupole, et le
reste est orné de caissons, dont chacun
offre une figure emblématique. La
vestiaire, construite dans l'ancien pavillon Valois, communique à la salle
d'assemblée

d'assemblée par une galerie. D'un côté de la salle, à droite du président, est une salle des conférences. A gauche est celle de la liberté, pour les pétitionnaires, communiquant à un corridor circulaire, où sont deux escaliers en pierre et de la plus belle exécution, servant aux députés pour se rendre dans les gradins supérieurs. Sur l'escalier à gauche, côté de la terrasse, est une copie en bronze du *Laocoon*, et sur l'autre, *Arria* et *Pœtus*, aussi en bronze.

# SALLE DU CONSEIL

## DES ANCIENS.

### *Au Palais des Tuileries.*

CETTE salle, construite dans l'emplacement qu'occupait jadis la salle de spectacle du Palais des Tuileries, devant subir des changemens, nous ne

D

pouvons aujourd'hui en donner une description.

-------------------

## MINISTRES.

DE la JUSTICE. Le cit. LAMBRECHTS, *place Vendôme*.

Jours d'audiences, les 5 et 9 de chaque décade.

Bureaux des secrétaires. Tous les jours de 2 h. à 4.

De l'INTÉRIEUR. FRANÇOIS DE NEUFCHATEAU, *rue de Grenelle*, maison Brissac.

Audiences, les 2 et 6 de chaque décade, de 2 à 4.

DES FINANCES. RAMEL, *rue Neuve des Petits-Champs*.

Audiences, les 1 et 5 de la décade. Audiences particulières pour les fournisseurs, tous les jours imp. à 11 heures.

De la GUERRE, *rue de Varenne, faubourg Germain*.

Scherer. Audiences, les 5 et 9, de 2 heures à 4.

Marine et Colonies. *Rue de la Révolution.*

Bruéys. Audiences, les 4 et 8 à 1 h. après midi.

Des Relations extérieures. *rue...*

Talleyran - Périgord. Audiences, les 5 et 9, de 2 à 4.

De la Police générale, *quai de Voltaire, maison Juigné.*

Lecarlier.

---

# DIRECTOIRE EXÉCUTIF.

*Au Palais Directorial, ci - devant Luxembourg.*

Directeurs .... { Rewbell.
Reveillère-Lépaux.
Barras.
Merlin ( de Douai ).
Treilhard.

*Secrétaire-général,* le cit. Lagarde.

D 2

Audience publique, les 2, 4, 6 et 8 de la décade, à midi, au Palais.

---

## LA BOURSE.

### *Aux ci-devant Petits-Pères, Place des Victoires.*

LIEU destiné pour la négociation de tous les effets commerçables. C'est-là que s'assemblent les agents-de-change, les courtiers, et autres, pour le trafic de ces effets. Le temps de cette négociation est d'une heure.

---

## MUSEUM NATIONAL

### D'HISTOIRE NATURELLE,

### *Au Jardin des Plantes.*

IL est ouvert au-public les 1, 4 et 7 de chaque décade, depuis trois heures jusqu'à 7 en été, et depuis trois heures jusqu'à la fin du jour en hyver.

Aux étudians, les 2 , 3 , 5 , 6 , 8 et 9.

La ménagerie est ouverte , savoir : depuis 11 heures jusqu'à 1 , et depuis 3 jusqu'à 5 , les jours pairs de chaque décade , pour y voir les éléphans , chameaux , dromadaires et les autruches. Depuis 11 heures jusqu'à 5 , tous les jours , pour les autres animaux.

( *Voyez le Voyageur à Paris , tome III , page* 21 ).

---

# BIBLIOTHÈQUE

## D'HISTOIRE NATURELLE,

Elle est ouverte les 1 , 3 , 5 , 7 et 9 de chaque décade , depuis 11 heures jusqu'à deux. On y voit entr'autres herbiers , ceux de *Tournefort* et de *Vaillant* , et beaucoup d'autres ouvrages de ce genre , qui ont été tirés de la bibliothèque ci-devant royale.

# MUSÉE NATIONAL

## DES MONUMENS FRANÇAIS,

CE Musée, formé de la réunion des monumens qui étaient placés dans les églises de Paris, lorsqu'on put les soustraire aux haches, aux leviers des iconoclastes de 93, est ouvert les 3 et 6 de chaque décade, depuis 10 heures jusqu'à 2.

Le conservateur de ce dépôt, situé *rue des Petits-Augustins*, est le cit. Lenoir.

Voyez dans le journal de Paris, an 6, les excellentes observations du citoyen *Mercier*, auteur du tableau de Paris, sur cette intéressante collection. La petitesse de notre cadre ne nous permet pas d'en placer ici la description. ( On la trouve d'ailleurs au Musée même. )

## MUSÉE CENTRAL DES ARTS.

*Au Palais National des Sciences et Arts.*

Le cit. *Lavallée* est le gardien de ce dépôt.

Les conquêtes que nous avons faites sur l'Italie ont beaucoup enrichi ce Musée, mais les tableaux et autres antiques n'étant pas encore disposés, il n'est pas encore ouvert. Le sallon, cette année, n'a offert que les productions des peintres vivans, ce qui n'en était pas la plus riche partie, et quelques tableaux d'église, venus d'Italie.

## CONSERVATOIRE DE MUSIQUE,

*Rue du faubourg Poissonnière, N°.*

Nous ne pouvons mieux rendre compte de cet établissement qu'en rap-

portant ici , dans son entier , le morceau
suivant , inséré dans le *journal d'indications* , *Petites Affiches* , n°. 844, du
16 frimaire. L'auteur s'exprime ainsi :

L'utile établissement du *Conservatoire de musique* forme des élèves dans
l'art qui donne le plus de jouissance et
de consolation à l'homme : il est dû au
gouvernement républicain. Il se fait tous
les ans une distribution des prix que *les
élèves ont mérités dans le cours de leurs
études. Cette cérémonie touchante et
bien faite pour exciter leur émulation,
a eu lieu le 14 de ce mois dans la salle
du théâtre de la République et des Arts.
Une assemblée aussi brillante que nom-
breuse garnissoit la salle : le ministre de
l'intérieur en grand costume , l'institut
national , les savans étrangers, le département de la Seine , le bureau central ,
les présidens des douze administrations
municipales du canton de Paris , les
commissaires du directoire , les états-
majors et le commissaire chargé de l'or-

ganisation du Conservatoire, assistoient à cette cérémonie, qui a été précédée d'un très-beau concert exécuté dans la perfection qu'on devoit attendre de cette réunion de musiciens. On y a distingué sur-tout l'ouverture de *l'Hôtellerie Portugaise* du citoyen *Chérubini*, et une superbe symphonie d'instrumens à vent par le citoyen *Méhul.* Plusieurs des élèves ayant mérité des prix ont été entendus avec intérêt et souvent applaudis; sur-tout les citoyennes *Chevalier* et *Desmarres* dans le chant, et les citoyens *Praderre*, *Briann*, *Moudru*, *Guerin*, *Franco*, *Verdiguer* et *Guenée* dans la partie instrumentale.

Après le concert, le ministre de l'intérieur, placé sur l'estrade, a adressé un discours aux élèves. Ce morceau, rempli d'éloquence et de sensibilité, a été couvert d'applaudissemens à plusieurs reprises. On y a reconnu le patriote éclairé, l'ami des arts et le littérateur distingué; il a paru digne de son auteur *François*

(*de Neufchâteau*). Le ministre a ensuite distribué les prix aux élèves qui
lui ont été présentés par leurs professeurs. L'assemblée a marqué ses regrets
sur la mort d'un des élèves ayant mérité
un prix. Son professeur la reçu pour le
transmettre à sa famille. La citoyenne
*Georgette Boëly*, élève du citoyen *A.
Adrien*, n'a pu recevoir le sien, étant
retenue chez elle par une incommodité.
Cette jeune personne avait, l'année dernière, gagné un prix de chant à l'una-
nimité du jury, composé des citoyens
*Berton*, *P. Blasius*, *Braun*, *Chérubini*, *F. Duvernoy*, *Gossec*, *Hugot*,
*Cadurner*, *Laïs*, *Lefebvre* (Xavier),
*Levasseur*, *Martini*, *Ozy*, *Richer*
et *Salentin*.

Le célèbre *Piccini* a été apperçu du
public dans un coin de l'orchestre ; il a
été couvert d'applaudissemens : tous les
membres de l'institut sont venus lui rendre hommage, et l'ont fait asseoir sur
le devant de l'orchestre.

# THEATRE DES ARTS,

## CI-DEVANT L'OPÉRA,

*Rue de la Loi , vis-à-vis la Biblio-
thèque.*

L'INCENDIE du 8 juin 1781 ayant détruit
la salle construite par M. *Moreau*, au
Palais-Egalité , les Parisiennes portè-
rent des étoffes couleur *feu d'opéra.* Il
en fut construit une autre en soixante
jours, près la porte Martin, par le citoyen
*Lenoir le Romain* , qui vient de cons-
truire *la Veillée.* Il ne reste d'elle aujour-
d'hui que sa superbe façade, dont le soubassement est orné de huit satyres ou fau-
nes engainés , portant un balcon de huit
colonnes ioniques accouplées, et d'un bas
relief de quarante pieds , représentant
Apollon dans un char, Vénus à sa toi-
lette, des sujets lyriques, des grandsprê-
tres , un sacrificateur et des vestales.

La citoyenne *Montansier*, au commèncement de 1793, ayant ouvert une salle rue de la Loi, les artistes de l'opéra quittèrent celle de la porte Martin, et s'y établirent sous le nom de *Théâtre des Arts*. S'il est un théâtre à qui l'on doive donner le titre de *national*, c'est bien celui-là ; puisqu'il ne se soutient, depuis la révolution, qui a éloigné de Paris les étrangers, que par les secours du gouvernement, qui n'épargne rien pour le rendre digne de la grande Nation, et en faire le premier spectacle de l'Europe. Pompe de décorations, luxe et séyérité des costumes, art du machiniste, les compositeurs les plus distingués dans tous les genres, qui consacrent leurs études à en perfectionner toutes les parties, tout est porté au plus haut dégré de grandeur. Tout étonne, charme l'oreille et les yeux dans ce palais magique, brillant et voluptueux. Les ballets de *Paris*, de *Télémaque*, de *Psiché*, du *Déserteur*, du *premier Navigateur* ont immortalisé *Gardel* : les citoyens *Ves-*

*tris,*

tris, *Nivelon*, *Goyon*, *Deshayes*
etc. ; les citoyennes *Vestris*, *Mil-*
*lière*, *Gardel*, *Clotilde*, *Pérignon*,
*Chevigny*, entraînent l'admiration des
spectateurs. *Rousseau* dans le rôle d'Or-
phée, *Lainez* sous les traits d'Achille,
la citoyenne *Chéron* sous les traits d'I-
phigénie, *Maillard* sous les dehors de
*Clytemnestre*, *Laïs* sous la pourpre de
Polycrate, *Chéron* dans Œdipe, etc.,
forment les accens les plus mélodieux, et
font applaudir avec un enthousiasme qui
va jusqu'au délire, les chefs-d'œuvres de
*Gluck*, de *Piccini*, de *Sacchini*, de
*Grétry*, de *Lemoine*, de *Gossec* et
de *Méhul*. Le parterre dont les sièges
s'élevaient en amphithéâtre depuis l'orchestre jusqu'au dessus des premières
loges, a été détruit dans les changemens
que l'on vient de faire à cette salle. Le
plafond et la toile sont de la beauté là
plus majestueuse.

Le 14 frimaire an VII, il y eut à ce
théâtre, les exercices et la distribution

des prix aux élèves du Conservatoire de
musique. Voici ce que dit, sur la ré-
ouverture de ce pompeux établissement,
le journal d'*Indications*, n°. 842, du
14 frimaire :

Malgré de pénibles circonstances, de
funestes divisions, les efforts de l'envie,
le temple des Arts est encore une fois
ouvert, et les amis du *bon* et du *beau*
accourent en foule admirer les chefs-
d'œuvres de nos célèbres compositeurs,
et les fêtes brillantes présidées par *Therp-*
*sicore*. Quelle pompe ! quelle magnificence ! En ces lieux, le dieu du goût
dicte ses lois, il guide le génie des artistes ; et tous les jours, de nouveaux prodi-
ges excitent l'enthousiasme.

On ne pouvait mieux choisir, pour
offrir aux amateurs un spectacle brillant
et digne de piquer la curiosité, que l'*Al-*
*ceste* de *Gluck*. Le poëme, la musique,
les ballets, les costumes, les décors,
ont toujours obtenu les suffrages d'un
public connoisseur.

La scène religieuse a produit son effet accoutumé. *Lainez* s'est montré vraiment acteur tragique. La citoyenne *Latour*, malgré l'incommodité qui lui est survenue, a obtenu les plus vifs applaudissemens.

L'orchestre est toujours dirigé par le citoyen *Rey*; ce sont toujours les mêmes artistes qui exécutent.

Les ballets sont dessinés par *Gardel*, et bien exécutés par les premiers sujets de la danse.

Les administrateurs actuels sont les citoyens *Francœur*, à la salle; *De Nesle*, au jardin Boutin, rue de Clichi; *Baco*, rue de Bondi : secrétaire, *Thiébeau* : Bibliothécaire, *Gélin*.

# THÉATRE FRANÇAIS

## De la République,

### *Rue de la Loi.*

Cette salle, commencée en 1787, et ouverte au public le 15 mai 1790, fut alors occupée par des comédiens qui prirent le nom de *Variétés Amusantes.* C'est là que *Bordier, Volange* et *Beaulieu*, alors à la mode, faisaient rire les spectateurs. La dissolution du théâtre Français, opérée par la divergence des opinions politiques, et des mécontentemens particuliers qui enfantèrent des brochures, détacha des français plusieurs artistes, entr'autres *Talma, Monvel, Vanhove* etc., que *Dorfeuille* engagea et réunit; les autres artistes français, long-tems persécutés et embastillés, ayant quitté leur salle du faubourg Germain, parurent, les uns sur le théâtre *Louvois*, les autres sur celui de *Faydeau*. Enfin, lorsque le théâtre de là rue de Louvois fut abandonné par la citoyenne Raucourt, celui de Faydeau s'enrichit de cette nouvelle désertion. En dernière analyse, le citoyen *Sageret*, s'établissant conciliateur entre tous ces élémens épars, rapprochant les consciences, sçut engager tant d'artistes divisés, à faire le généreux sacrifice de leurs passions au grand intérêt de l'art dramatique. Il était difficile de rassembler les membres épars de la tragédie et de là comédie, il y parvint à force de soins, d'égards, de déférences et de précautions pour adoucir des caractères aigris par le malheur des tems, effacer des souvenirs douloureux, et calmer des esprits inquiets. Le même temple vit la réunion de la famille des arts et les favoris, les enfans, les soutiens de Melpomène et de Thalie. *Contat*, *Devienne*, *Mézerai*, *Desbrosses*, *Petit* et *Gogo-Bellecour*; *Molé*, *Talma*, *Fleuri*,

*Dazincourt*, *Monvel*, *Baptiste aîné*, *Michot*, *Dugason*, *Vanhove*, *Saint-Prix*, *Naudet et Bellemont* nous re-placent aux plus beaux jours de la co-médie, et entraînent tous les spectateurs.

Ce théâtre vient d'être réparé d'après les plans et les dessins du citoyen *Moreau*. Le citoyen *Palaiseau* en a dirigé les travaux, et le citoyen *Boullet* ingénieur-machiniste du théâtre des arts et du théâtre de Faydeau, a fait exécuter ce qui le concerne.

La reprise du *Bourgeois Gentil-homme*, dans laquelle la citoyenne *Belcourt* a reparu, énivre le public, par la réunion brillante de tous les artistes qu'il aime.

Les administrateurs de ce théâtre sont le citoyen Sageret, et le citoyen Dela-roue, rue Faydeau, n°. 254.

Régisseurs: Dégligny et Desrosières.

Villemaut, agent général, au théâtre.

P. S. Nous lisons dans le n°. 896 du *journal d'Indications*, *Petites Affi-*

*ches* etc. , du 7 pluviose, que ce théâtre va prendre des vacances. On dit ces vacances *obligées*, ajoute le *rédacteur*, et l'on publie des motifs particuliers qui ne sont pas du ressort des journalistes. Mais ces vacances ne doivent point étonner ceux qui portent un œil attentif sur l'organisation actuelle des directions de théâtres. — Pourquoi ces vacances ? C'est que *Contat* et *Molé* partent pour Toulouse ; *Talma* et la citoyenne *Vanhove* pour Bordeaux.

On doit attribuer ces vacances que le tems et les circonstances vont amener à plusieurs théâtres, continue le *rédacteur*, 1°. aux folles entreprises des administrateurs, aux dépenses énormes qu'ils font pour monter des sottises, à leur manière maladroite d'administrer. 2°. A la fureur qu'ils ont de supposer de grosses recettes, parce qu'ils ont dans leur salle des places à un prix exhorbitant, tandis qu'il arrive ordinairement que la salle est vuide, les recettes nulles. Lorsque la misère est grande, l'argent rare et la plupart des citoyens dans l'impossibilité de jouir de quelques plaisirs par un sacrifice pécuniaire, pourquoi porter les places à un prix où l'on ne peut atteindre ? Le parterre 75 centimes, les premières places 3 francs ; voilà le seul moyen de soutenir les spectacles et d'attirer la foule des curieux et des amateurs. 3°. Au sacrifice des recettes pour donner un traitement scandaleux à de premiers sujets dont les talens sont impayables, il est vrai ; mais qui doivent être proportionnés aux besoins de leurs camarades, à l'intérêt du théâtre et de la direction. Il faut qu'un premier talent soit payé, mais il faut aussi que son traitement soit proportionné aux recettes et aux dépenses du théâtre. Aujourd'hui on suppose ces recettes très-fortes, parce que les places présentent un lucre exhorbitant : cependant, la salle n'est remplie que de billets donnés, et le borderau de recette n'offre pas même les frais journaliers. Ne donnez donc plus 36, 3o, 20 et même 15,000 francs à des acteurs ; mais qu'il leur soit offert un traitement honnête, exactement payé, et l'on verra bientôt les théâtres fréquentés, les recettes bonnes et journalières, les acteurs contens, un public satisfait, et sur-tout plus *de vacances.*

---

# THÉÂTRE

### De l'Opéra-comique National,

#### *Rue Favart.*

Aucun théâtre n'a plus que celui-là changé de forme et d'administration ; mais il est à souhaiter que cette versatilité soit fixée : on perdroit trop maintenant an changement. La salle est élégante et riche, commode et favorable au beau sexe, les décorations pompeuses, l'orchestre dirigé par le citoyen Blasius, composé des meilleurs musiciens ; le choix sévère des pièces, les encouragemens que l'on donne aux auteurs, tout assure à ce théâtre les succès les plus constans. Les artistes de ce théâtre pensionnent les compositeurs qui leur ont consacré leurs veilles, et cette sensibilité jointe à leurs talens, les rend extrêmement recommandables. Le tems a encore imprimé sur leur réunion et sur leur local le sceau du respect. Le fameux Arlequin *Dominique*, et depuis le célèbre *Carlin*, sont, pour ainsi dire, les patrons de cette troupe.

Les administrateurs actuels sont les citoyens *Michu*, *Chenard*, *Philippe* et *Solié*.

Les citoyennes *Saint-Aubin*, *Car-line - Nivelon*, *Crétu*, *Dugazon* et *Lonthier*; les citoyens *Chénard*, *El-leviou*, *Dozainville*, feront toujours les délices des amis de la nature et du goût.

# THÉATRE FRANÇAIS

## DE L'ODÉON,

*Ci-devant Comédie française, près le Palais du Directoire exécutif.*

UNE rue neuve de 40 pieds de largeur, terminée par une place demi-circulaire, conduit à cette salle, achevée en 1782, par *Wailli* et *Peyre* l'aîné. Sa forme est d'un parallélogramme, avec des galeries couvertes au pourtour.

On ne sait pas trop pourquoi le titre d'*Odéon* inscrit sur le fronton. Ce mot, à Athènes, désignait un lieu d'assemblée pour les poëtes et les musiciens, ce qui indique fort mal le projet d'y réunir plusieurs genres de spectacles, et lui convient encore moins, lorsque, comme aujourd'hui, on n'y représente que la comédie.

Ce théâtre qui, le premier, offrit si

long-temps les chefs-d'œuvre de *Corneille*, de *Voltaire*, de *Crébillon*, de
*Racine*, de *Molière*, de *Regnard*,
*Destouches*, *Lesage* et *Marivaux*,
fut long-temps une ruine vénérable.
Après la déplorable scission, dont nous
avons rendu compte à l'article du théâtre de la République, on osa, en 1793,
faire de cette salle pompeuse, le *théâtre de l'Egalité*. Des décorations mes-
quines ou ridicules succédèrent aux ornemens de goût ; le barriolage tricolor,
des statues mal peintes sur l'avant-
scène, une statue de la nature, char-
bonnée sur la toile et modelée en fontaine, le buste de *Marat*, enfin que sait-
on, tout fut mis en œuvre pour la
gâter : on reussit.

Rendue aujourd'hui à son premier
éclat, et riche de quelques-uns des anciens artistes qui l'ornaient, grace à
l'industrieuse activité du citoyen *Sageret*, qui en est le directeur, elle se ré-
concilie peu-à-peu avec ses vieux habitués,

tués, et fait de nouvelles conquêtes. On y court en foule en ce moment voir le drame de *Misantropie et Repentir,* dit, *la pièce aux trois mouchoirs ;* parce que toutes nos femmes y sanglottent à qui mieux mieux. *St. - Phal, Raucourt* et *Grandménil ;* etc.

---

# THÉATRE LYRIQUE.

## DE FAYDEAU,

*Ci devant de* Monsieur, *rue Faydeau,* *près celle de la Loi.*

CETTE salle fut ouverte en 1791, et offrait l'opéra italien réuni à l'opéra français. La retraite des artistes étrangers, en septembre 1792, fit place aux artistes du théâtre français, qui, pendant plus de deux ans, occupèrent la scène de deux jours l'un, tandis qu'une autre partie s'était réfugiée sur le théâtre de *Louvois,* sous la direction de la

F

citoyenne Raucourt. L'inimitable Préville reparut à Feydeau. Vinrent ensuite les concerts de Feydeau, ces concerts si célèbres, où le luxe le plus recherché contrastait si fort avec la misère de ceux que le 9 thermidor venait de vomir nuds et souffreteux sur le rivage de la Seine, encore teint du massacre récent des victimes du terrorisme.

Le citoyen *Sageret* vient de joindre cette salle à ses deux autres domaines dramatiques, et ne néglige rien pour lui faire soutenir sa réputation. L'orchestre brillant est dirigé par le citoyen *Lahoussaye*; les chefs-d'œuvre des *Lesueur*, des *Cherubini*, des *Daleyrac*, des *Méhul*, lui méritent le titre de théâtre lyrique. Voulez-vous des décorations de la plus grande magnificence, allez voir *Roméo et Juliette*, *Calypso*, *Médée et Palma*. C'est-là que vous entendrez *Scio*, *Rolandeau*, *Juliet*, *Gaveaux*, *Lesage et Fay*.

# THEATRE DU VAUDEVILLE.

*Rue de Chartres, vis-à-vis le Palais Egalité.*

« Le français né malin, créa le vaudeville. »

De l'esprit, de la gaîté, des sujets agréables, une critique ingénieuse, de jolies et très-jolies bluettes, de la légéreté dans toute l'étendue de ce mot, tel est le caractère de ce spectacle, toujours couru, et que d'après le vers de Boileau, on peut avec raison appeller *national.* Ce théâtre, qui ne rivalise aucun autre et ne peut être rivalisé, a pour fondateurs, *Piis, Barré, Radet, Desfontaines* et *Rosières*, qui l'ouvrirent le 12 janvier 1792, sur le local occupé par le Panthéon, bâti par le citoyen *Lénoir.* D'autres beaux esprits, qui savent faire parler la raison sous le masque de la folie, se sont joints aux premiers ; ce sont les citoyens *Léger,*

*Deschamps, Ségur, Bourgueil, Pré-vôt-d'Yray,* etc. etc.

Qui ne connaît pas les charmans dî-ners du Vaudeville, assaisonnés par les quatorze nourriciers privilégiés de ce théâtre? Il serait difficile de désigner les plus belles pièces, car

« Aimez-vous $\left\{ \begin{array}{l} \textit{la muscade} \\ \textit{de l'esprit?} \end{array} \right\}$ on en a mis partout.

Nous nommerons donc au hazard ces quelques-unes-ci : *Honorine* (Lescaut), *le Mur mitoyen, le Testament, la Revanche forcée, Colombine manne-quin, l'Ecole des mères, la Succes-sion, l'Auberge isolée, Pauline, le Mariage de Scarron, Santeuil et Do-minique, la revue de l'an six, Maî-tre Adam, Beaufils,* etc. Le citoyen *Laporte,* dans les rôles d'arlequin qu'il a créés, fait le plus d'honneur à ce spectacle. Graces, souplesse, jeu fin, talent d'imiter dans la parodie les at-titudes, l'organe, et jusqu'aux plus petites nuances des tragiques qu'il singe, tout annonce que cet estimable artiste ne doit ses succès qu'à lui seul, au véritable amour de son état, au desir de plaire au public, qui n'est pas ingrat envers lui, *et* au travail le plus opiniâtre ?

On ne peut trop louer les talens des cit. *Henry*, *Chapelle*, *Carpentier*, *Duchaume*, *Vertpré* et *Julien*, etc. etc.

Les auteurs naissans devraient trouver le comité de réception des pièces un peu plus encourageant, mais quand on est si riche de son propre fonds, il est bien rare que l'on accueille les autres.

Le gouvernement n'est pas toujours à l'abri des petits coups de griffe du Vaudeville ; mais c'est un enfant si aimable, qu'on lui pardonne tout ; il s'exprime d'ailleurs si finement qu'on ne le comprend pas toujours ; il déguise si bien un air proscrit, dans la pièce de *C'est l'un ou l'autre*, qu'on ne l'entend pas (1).

_______________________

(1) L'air *Vive Henry quatre*, qui est em-

Les administrateurs sont les citoyens :

Barré jeune , direct.  } Rue de Valois, aux
Monnier , administ.   } ci-devant Quinze-
                      } vingt.

Location des loges , Bosson. Secrétaire-général, Barré l'ainé.

---

# THÉÂTRE DES AMIS DES ARTS,

## ET DES ÉLÈVES DE L'OPÉRA-COMIQUE,

*Ci-devant de Molière , rue Martin.*

Peu de salles présentent un coup-d'œil
plus gracieux que celle-ci. Elle fut ouverte en 1792 ; elle a une forme ronde,
à trois rangs de loges, elle était peinte
en marbre jaune. On y joue la tragédie
et la comédie, et le bon goût n'y est pas
offensé par les *diableries* à la Cuvelier,
les pantomimes horribles, ou les farces

---

ployé dans cette pièce , a été défendu le 4
pluviôse an 7 , sur le théâtre *Sans prétention,*
dans le *Souper mystérieux,* où l'on ne savait pas
le déguiser.

dégoûtantes et crapuleuses de Jocrisse et de Cadet Roussel, qui font des *Brunet et des Beaulieu*, la coqueluche des sots et des courtisannes. Le décore de cette salle a été totalement renouvellé, les glaces qui ornent les premières loges multiplient les spectateurs, ( sans augmenter la recette ) et sont d'un effet très-pittoresque. La toile d'avant-scène, qui représente la gloire qui environne de tous ses rayons les attributs des beaux arts, est d'un très-beau ton de couleurs. Ce théâtre, situé dans un des quartiers les plus fréquentés de Paris, à donné cette année quelques nouveautés piquantes par leur gaîté et le bon ton de la comédie. Il est composé d'une réunion d'artistes connus sur les différens théâtres de Paris.

Le *Diable couleur de Rose* y a attiré des curieux, car le diable est toujours à la mode en France, mais on peut pardonner aux Parisiens ce dernier, il ne donne point de spasmes.

Au moment où nous écrivons, l'administration de ce théâtre change encore, et nous ignorons si le citoyen *Joigny*, qui en était le chef, a conservé son emploi.

---

# THÉATRE DES VARIÉTÉS,

## CI-DEVANT MONTANSIER,

*Sous les arcades même du Palais Egalité, du côté de la rue Vivienne, à gauche, au bout du Jardin.*

CE théâtre, portait le nom de son octogénaire directrice qui l'acquit en 1790. Elle succédait aux comédiens, dits *de Beaujolois*, qui l'occupèrent depuis 1784, jusqu'à cette époque, en jouant d'abord des marionnettes, puis faisant jouer des enfans, et enfin de grands acteurs, tandis que d'autres acteurs chantaient et parlaient do dedans les coulisses, à tromper l'étranger.

La nouvelle direction, en ouvrant le 18 germinal, an 6, conserva, par une clause spéciale de son traité avec le citoyen *Neuville* et la citoyenne *Montansier*, le titre de *Variétés*. Les artistes ont quitté la lyre et le cothurne, pour la guimbarde et la chaussure de *Jeanot*. Les niaiseries du citoyen *Brunet*, et la voix harmonieuse de la citoyenne *Caroline* y attirent la foule. Aussi les directeurs connaissant le goût du public qui se rue à leur salle, ont-ils fait divorce avec le drame et la bonne comédie. Tout semble annoncer que le plaisir décent ou non, a fixé son séjour dans cette salle incommode par-tout, excepté dans ces baignoires si favorables aux distractions de la main ; le foyer, très-beau, est toujours rempli de prêtresses de Vénus et de leurs adorateurs. Une honnête femme doit éviter de s'y arrêter, tant y est grande l'affluence des promeneurs avides de bonnes fortunes. Ce spectacle peu attrayant par lui-même, intéresse par l'orchestre et les décorations. Ceux qui aiment à rire, n'importe à quel prix, y seront dans leur élément.

La forme de cette salle est un ovale long, d'une grande élévation ; elle a trois rangs de loges, et un vaste amphithéâtre qui prend naissance aux troisièmes loges. Les ornemens sont en papier, et le fond des loges en draperie aurore.

Les directeurs vendent leur gaîté très-cher, car les places ne sont nulle part aussi coûteuses que là ; on serait tenté de demander si l'on fournit aussi la fille, comme cette villageoise ingénue qui, lors des mariages qui avaient lieu à une fête publique où l'on dotait les pauvres filles, s'était présentée sans amant et disait niaisement : je croyais qu'on en fournissait aussi.

Les directeurs actuels sont les citoyens Simon, rue N.-D.-des-Victoires ; Cézar, passage des Petits-Pères ; Crétu, rue Favart, n°. 1 ; Amiel, rue Coquillière, n°. 8, et Foignet, le compositeur de musique, boulevard Montmartre. Pour la location des loges ; Rébory, rue Chabannais, n°. 654, et au théâtre.

Les citoyens *Aude* et *Dorvigny* fournissent au citoyen *Brunet* des pièces faites pour étaler dans tout son brillant, la sotte originalité de cet acteur. Etrangers, si vous ne voulez que rire, voyez le *Désespoir de Jocrisse*, *Cadet Roussel maître de déclamation*, *Jocrisse changé de condition* ; pour moi, je no puis que hausser les épaules. Voulez-vous que le goût approuve vos plaisirs, voyez-y les pièces des citoyens *Patrat* et *Lebrun Tossa* ; *les Amans Protée*, *les deux Grenadiers*, *l'honnête Aventurier*, *la comédie de Campagne*, *Robert le bossu*, et *Qui a bu boira*, etc.

# THÉÂTRE

## DE L'AMBIGU-COMIQUE,

### *Boulevard du Temple.*

CE théâtre fut long-tems dirigé par
le citoyen Audinot, qui n'y offrant que
des enfans, avait placé sur sa toile d'a-
vant scène, cette devise alors juste :
*Sicut infantes audi nos*, et aujourd'hui
si ridicule, puisque ce sont de grands
acteurs qui y représentent la pantomime,
l'opéra-comique et le vaudeville. Le
directeur actuel est le citoyen *Picardeau*
qui, dit-on, ne fera pas la fortune qu'y
a faite Audinot. Ce dernier était homme
de lettres, et avait trop bon goût pour
se ruiner à monter à grands frais des
pièces détestables que l'on ne peut jouer
que pendant une décade au plus, telles
que *le château des Appennins*, *la nuit
Espagnole* et *les deux Perdrix*. On
doit

doit savoir-gré aux artistes de ce théâtre, de ne pas défigurer les chefs-d'œuvres de Corneille, de Voltaire, de Racine, etc.; mais ne pourraient-ils pas joindre à cette louable modestie, le bon esprit de ne recevoir que des pièces bien écrites et qui n'aient pas besoin d'être échafaudées par la magie des décorations qui n'éblouit qu'un moment? Ce théâtre en a déja quelques-unes, telles que le *faux Nicaise*, *l'habit de Nôces* et *Thalie aux Boulevards*. La citoyenne *Julie-Diancourt* fait les délices de ce théâtre par ses inimitables talens dans la pantomime; talens ruineux pour un directeur, quand l'actrice est jolie, et qui font en peu de tems tomber le théâtre en d'autres mains.

Au reste, l'art de la pantomime est porté sur ce théâtre au plus haut dégré de perfection; décorations superbes, la plus belle exécution des machines, fraîcheur de costumes, et l'illusion la plus complette dans les combats et les évolutions militaires. La salle dont la forme est une rotonde parfaite est extrêmement commode, mais elle a grand besoin d'être repeinte, et le répertoire débarrassé des pièces monstrueuses et diaboliques de *Cuvelier*, du *Pont de Coupe-Gorge*, et des *Thomas le Crédule* etc.

---

# THEATRE

## DE LA CITÉ-VARIÉTÉS,

### ET DE LA PANTOMIME NATIONALE,

*En face du Palais de la Justice.*

CETTE salle est bâtie sur l'emplacement de l'église St.-Barthelemi, où le roi Robert, fils de Hugues Capet, allait souvent prendre une chappe et chanter au lutrin. Cette église changea de destination sur la fin de 1793; de là, cette façade insignifiante et ces issues contournées qui forment, en entrant, un labirinthe. La première administration de ce théâtre succédait au théâtre des Variétés du Palais - Egalité, dirigé par *Gaillard* et *Dorfeuille*. Le citoyen *Lenoir*, architecte, propriétaire et directeur de cette salle, avait acquis les ouvrages de *Dumaniant*, *Pigault-Lebrun* et autres auteurs qui formaient l'ancien répertoire, et céda le tout, le 20 floréal an 6, à la nouvelle administration qui conserva le même genre, et renonça à l'opéra. pour jouer ( hélas ) ! de préférence la pantomime.

La salle, très-élevée, est une des plus vastes de Paris et des plus incommodes. Comme à Faydeau, l'entrée du parterre et les loges du pourtour sont comme dans un caveau, masquées par les premières loges. Le plafond est rond, et le tour des loges est un ovale comprenant quatre étages, sans compter les baignoires, et deux amphithéâtres, dont l'un derrière le parterre, l'autre au-dessus des quatrièmes loges, formant ce que l'on nomme *paradis*. La toile de l'a-

vant-scène mérite l'attention des con-
naisseurs, par l'intelligence de la perspective d'une vûe de Paris, et par
la vérité des détails, qui offrent la colonnade du Louvre, la place ci-devant
Dauphine, le Pont-neuf et son corps-
de-garde, l'hôtel des Monnaies, et à
l'horison, le pont de la Révolution, et
l'angle du jardin des Tuileries.

On ne conçoit pas pourquoi la nouvelle administration a choisi le titre
de *théâtre de la Pantomime nationale.* Le vaudeville est national en
France, la pantomime ne l'est pas,
puisqu'elle était au plus haut dégré de
perfection dans la Grèce. Voudroit-on
dire qu'elle n'est bien exécutée qu'à ce
théâtre? L'ambigu-comique, et le théâtre de Louvois, ne lé cèdent en rien au
théâtre de la Cité. Dira-t-on qu'elle
est mieux écrite? Certes, le citoyen Cuvelier avoue lui-même son impuissance,
puisqu'il s'est adjoint le citoyen Hapdé,
pour écrire ses pièces de la *Naissan.e*

*de la Pantomime* et de l'*Héroïne suisse*, etc. etc. Le mot *National* est donc au moins insignifiant, s'il n'annonce pas le charlatanisme et la prétention exclusive au talent. Il faut rendre justice aux efforts du citoyen Cuvelier, pour amener des situations dramatiques; pour faire exécuter des duels et des combats, dans toute la précision, la sévérité du costume et la vérité des machines; mais pardonnera-t-on à ce théâtre l'usage des chevaux sur la scène, lorsqu'on l'emploie trop souvent, et dans des pièces dont il font tout le mérite. N'est-ce pas dégrader le théâtre que de le transformer en manège; et les acteurs, que de leur donner des chevaux pour camarades? Ces camarades sont même aujourd'hui les plus courus; il ne leur manque que des noms, que l'on imprimera fastueusement sur l'affiche, et les chevaux-artistes écraseront les artistes parlans. On ne prendra pas la peine d'écrire une pièce, on y mettra un clair de lune , une forêt , un cachot , des brigands , deux assassinats , on intitulera cela *Frédégilde* , ou autrement; et si les chevaux y dansent un menuet avec une gavotte , les badauds ébahis applaudiront à tue-tête ; le prix des places sera doublé , et les billets d'admïnistration ne seront pas reçus. Que des chevaux soient employés pour une marche triomphale , pour un tournois , dans une pièce bonne d'ailleurs, comme dans *la Fille hussard*, rien de mieux , mais que ces accessoires n'effacent point le principal.

Les pièces les plus courues de ce théàtre , sont : *La Mort et le tombeau de Turenne , la Laitière polonaise . la Fille hussard , le Damoisel et la Bergerette , avec le ballet des foux ; Eléonore de Rosalba , les Dragons et les Bénédictines , Contretems sur contretems . les deux Figaro , les Défauts supposés , Adèle et Julien, les Deux coffrets, Amélia, Guerre ouverte et Montoni.*

Les administrateurs de ce théâtre sont les citoyens St.-Elme , au théâtre ; Cuvelier , rue Mêlée , n°. 36 ; Beaupré , négociant, rue du Marché Palu ; Deschamps , régisseur.

C'est toujours à ce théâtre que joue le citoyen *Beaulieu* , si plaisant dans *Ricco*, si ridicule quand il joue *Mahomet* , même avec du talent, mais hélas !

> ......*quo non mortalia pectora cogit*
> *Auri sacra fames ?*

, Il s'est battu, dit-on , avec *Brunet* , à cette occasion.

---

# THÉÂTRE LOUVOIS,

### *Rue de ce nom , près l'Opéra.*

C'EST surtout aujourd'hui que l'on peut appliquer aux directeurs de théâtres , cette sublime devise, sur le peu de durée du règne de l'impie : *Transivi et ecce non erat.*

Je n'ai fait que passer, il n'était déjà plus.

Le théâtre de la rue de Louvois servit aux acteurs réfugiés du théâtre français, sous la direction de la ci-toyenne *Raucourt*, après avoir été dans l'origine, consacré pendant quelque tems à Euterpe et à Thalie. Melpomène *Raucourt* l'ayant abandonné, il devint, le 28 floréal an 6, une succursale des enfans de Momus, et le citoyen *Ribié*, ci-devant acteur chez Nicolet, vint y donner les pitoyables farces de *madame Angot*, du *père Angot*, de *Crève Cœur*, et les tableaux affreux, les horribles monstruosités du *Moine*, et des *Péni-tens Noirs*, et *du Château du Diable*, et *des Epoux Portugais*. ( On veut voir jusqu'où peut aller notre patience. )

On y a vu avec plaisir l'*Espiègle*, la *Bible à ma Tante*, le *Chaudronnier de St.-Flour*, le *mariage du Capúcin*, l'*Ane à Créon*, *Arlequin Mahomet*, la *fausse Peur*, et *le porteur d'Eau*.

Les acteurs du théâtre d'Emulation, boulevard du temple, venaient jouer à ce théâtre, et ils y étaient applaudis. Tout-à coup, le citoyen Ribié est arrêté, comme débiteur envers les pauvres; auxquels, dit-on, il n'a pas payé l'impôt mis sur les billets; les acteurs n'étant pas payés, désertent à une grande majorité, et le théâtre Louvois reste encor vuide. La citoyenne *Nicolet* rentre dans la propriété de sa salle, à laquelle le citoyen *Ribié* avait donné le nom de *théâtre d'Emulation*, lui rend celui de *Théâtre de la Gaîté*, et Ribié, dépouillé de deux salles, va se réfugier avec ses acteurs *payés*, sur celle de la rue Culture Catherine, où son véritable talent lui conduirait encore la foule, s'il savait accueillir un peu mieux les auteurs. ( 1 )

Aujourd'hui, le théâtre de Louvois est occupé par les acteurs de l'Opéra Bouffon. ( Voyez l'article suivant. )

_________

(1) Dans ce moment, le citoyen Picardeau, et l'acteur *Saint - Aubin*, sont aux prises et se disent réciproquement force injures, dans des placards dont ils salissent les murs de la capitale.

# THÉATRE FRANÇAIS

## DE L'OPÉRA BOUFFON,

### *Ci-devant Veillées de Thalie, Palais-Egalité.*

PLUSIEURS artistes des différens théatres de Paris, se réunirent au cirque du Palais Egalité, sous la direction du citoyen *Garnier*, et avec le titre de *Bouffons Français*, parce qu'ils jouaient de préférence la traduction des pièces jouées par les Italiens en 1791, sur le théâtre Faydeau, telles que *Tul pano*, *la Villanella rapita*, *l'Infante de Zamora*, la *Serva Padrona*, *la Buona Figliola* etc., avec les opéras français les *Sabots*, le *Maréchal*, les *Pêcheurs*, la *Colonie*, et la *Piété Filiale*, etc.

Composées d'artistes distingués, tels que les citoyens *Geliotte*, *Joseph*, *Henri*, et la citoyenne *Martin*, les

*Veillées de Thalie* furent ouvertes le 8 messidor, an 6. La salle était incommode, les alentours peu décens ne permettaient pas à une mère d'y mener sa fille, à un père, d'y aller avec son fils, à un époux d'y conduire sa femme ; la licence qui régne au Palais-Egalité nuisait à la société de ces artistes zélés. L'incendie du 25 frimaire an 7, qui dévora le cirque, en exila les Bouffons Français, et la retraite forcée du citoyen Ribié leur procura la salle jolie et commode de la rue de Louvois, où ils sont installés depuis quelques jours, et d'une manière plus digne d'eux. On peut tout espérer de ce nouvel établissement. Il faut donc le concours des élémens et la force majeure du destin pour mettre les hommes à leur véritable place, le Lycée à l'Oratoire, dans la rue la plus commerçante, et les Bouffons Italiens où furent les Français.

# THÉATRE

## DES VARIÉTÉS AMUSANTES

*Boulevard du Temple , ci-devant
les Elèves de l'opéra , vis-à-vis
la rue Charlot.*

CE théâtre, qui était dirigé depuis
1792 par le citoyen Lazarri, bon arlequin, et même excellent, a été réduit
en cendres le 11 prairial an 6, et il n'en
est resté que la façade, formée de six
colonnes canelées, d'une grande propor-
tion, formant péristile, au milieu duquel
est un bas relief en sculpture, représentant l'Amour traîné dans un char. C'est
là qu'*Arlequin avalé par la baleine*,
prenait sa revanche dans une autre pa-
rade, en l'avalant à son tour, ce qui est
un peu plus difficile. *Lazari* exécutait
avec la plus grande prestesse ses changemens de costume *à vue*, faisait d'un

tombeau

tombeau un char roulant et autres jeux de machines tout-à-fait étonnans.

Ses pièces étaient, avant son désastre : Vengeance pour Vengeance, Arlequin gardien, Arlequin maître d'Ecole, Colas trente fois Colas, la mort de madame Angot, le pied de Né, le journaliste, Céleste, la délicatesse mal entendue, Adèle ou la Chaumière, la mort de la Peyrouse, Arlequin protégé par Nostradamus, les deux anneaux, l'étourdi ou la première faction, le Cordonnier de Damas, le Déjeûner anglais, ou le bombardement d'Ostende, *Il convitato di Pietro* (le festin de Pierre.) On ne désigne encore aucun spectacle, pour s'établir dans cet emplacement. Un billard y est établi provisoirement.

# THÉATRE

## DES JEUNES ARTISTES,

*Boulevard Martin, au coin de la rue de Bondy.*

CETTE salle, dirigée en 1791 par un nommé *Clément*, portait alors le nom de théâtre Comique et Lyrique. C'est là que fut jouée avec tant de succès la comédie-vaudeville de *Nicodême dans la Lune*, dans laquelle le citoyen *Juliet* déploya les talens qui le conduisirent bientôt sur le théâtre Faydeau dont il fait les délices. Deux troupes d'acteurs adolescens et enfans, que l'on voit toujours avec un nouveau plaisir, justifient le titre de théâtre *des Jeunes Artistes* que porte cette salle, mais on y en a joint une troisième de grands acteurs; tous les genres sont du ressort de ce spectacle. Comédies, opéras, vaudevilles, drames, pantomimes, parodies, tout y est bien joué. Peu de salles offrent une coupe aussi élégante, et des ornemens distribués avec plus de goût. C'est dommage que le peu de terrein n'ait pas permis à l'entrepreneur d'y placer un foyer. La forme de cette salle est une ellipse, coupée aux deux tiers par la scène, divisée en deux rangs de loges, dont la première forme un avancement sur le parterre. Le fond est d'une couleur rose, relevée aux premières par des personnages en grisaille, et aux secondes par des arabesques de même couleur.

C'est sur-tout dans les acteurs enfans que l'on trouve le talent qui conduit la foule à ce spectacle; c'est sur-tout aux jeunes *Lepeintre* et *Grévin* que l'on est forcé d'applaudir. Toujours en scène, toujours naturels, pleins d'ame, ils n'oublient aucuns détails. On peut voir le jeune *Lepeintre* dans les rôles d'*Arlequin*, même après avoir vu le charmant arlequin du Vaudeville : il est encore délicieux, dans le rôle de Roquelaure, dans la pièce anecdotique des citoyens

*Hapdé* et *Albert*, intitulée *Un tour de Roquelaure*; comme le jeune Grévin l'est dans le rôle de l'abbé de Saint-Amand. Si l'illusion n'était pas détruite par la faiblesse de l'âge des artistes, on n'aurait rien à désirer pour le talent, car, dans les rôles où cet âge est nécessaire, le succès est entier; aussi, une des pièces les plus agréables est celle du *petit Poucet*, pantomime dialoguée, conduite par le citoyen *Cuvelier*, et probablement écrite par le citoyen *Hapdé*. Le jeune Grévin y est infiniment bien. Parmi les grands acteurs, on distingue le citoyen *Delorge* et *Bourgeois* dont le timbre sonore, la voix juste et le goût méritent des éloges. ( 1 )

On voit avec plaisir à ce théâtre la *fête Genevoise*, ou les *mœurs du bon vieux tems*, et le *nid d'Amour*, opéra ballet; *le crime et la vertu*, *Arlequin*

_________________________

(1) On dit que cet estimable acteur est un de ceux que le citoyen *Léger* s'attachera, si la réunion des *Troubadours* a lieu au théâtre de Louvois.

*Jacob* et *Gilles Esaü*, *le Parachûte*, *la Loterie*, encore un *Ballon*, *le Dédit*, et *les Écoliers de Sainte-Barbe*, etc.

## THÉATRE SANS PRÉTENTION,

*Boulevard du Temple*, *près le Café Godet.*

C'est un mérite que de connaître sa faiblesse et de ne pas défigurer des chefs-d'œuvres que l'on doit respecter. On doit donc savoir gré au directeur de ce théâtre, de sa modestie et de son bon esprit; il remplit le titre qu'il a choisi. Ce théâtre, dans le principe, en 1774 se nommait *des Associés*; il jouait à tort et à travers, comme celui des *Délassemens*. Un ancien pensionnaire du citoyen *Sallé*, nommé *Magne-Saint-Aubin*, homme de lettres, dit-on, et acteur, en fut ensuite le directeur, et l'intitula : *Théâtre du Vaudeville du Boulevard*, et pourtant l'ouverture de la salle se fit par la grande tragédie et

H 3

la bonne comédie. Le directeur gâta tout, en voulant jouer tout et toujours, jusqu'aux amoureuses ( et il boîtait. ) Le citoyen *Prevost* succéda à Saint-Aubin, et prit le titre qu'il a aujourd'hui. Fidèle à sa devise : *Promettre peu, mais le tenir* ; il a adopté un genre à l'unisson du public qui fréquente sa salle, et à la modicité du prix des places ; car, avec beaucoup d'esprit, on n'y serait pas entendu. Le citoyen *Prevost* a donc pris le parti de se mettre dans les pièces de sa composition, toujours à la portée de ses auditeurs. Il ne remplit pas sa salle de ces billets, soi-disant *gratis*, qui, distribués à la rame, font faire la *queue*, et jouent le public. Il paie ses acteurs, et ne sort pas de la sphère de l'honnête homme ; il est honnête avec les auteurs, et chéri du public dans tous les rôles qu'il remplit. Sa salle est propre, et ses acteurs décens et zélés. C'est le citoyen *Prévost*, auteur de 40 pièces pour son théâtre, qui a mis le premier sur la scène le roman de *Victor*, et d'une manière plus morale que les autres Les personnes de meilleur goût y verront encore quelques pièces assez bien écrites et assez bien jouées, telles que l'*Abbé de plâtre*, *le Valet à trois maîtres*, *C'est un Ange*, et *le Souper mystérieux*, par le citoyen *Mercier*; *Arlequin sauvage*, *le Père Rougon*, *le Galérien vertueux*, etc. etc. On doit rendre au moins justice au zèle que montrent à plaire au public les citoyens *Prevost*, *Leroy*, *Lacroix*, *Boulanger*, *Auguste et Sallé fils*; et parmi les actrices, *Emélie*, *Prévost*, *Devilly* et *Leautier*. Il manque peut-être à ce spectacle un auteur déjà connu, qui lui donnant une de ces nouveautés marquantes, fasse pour le directeur qui le mérite, ce que le cousin Jacques a fait pour celui de la rue de Bondy, en lui donnant *Nicodême*, et pour les acteurs, ce que Nicodême a valu à *Juliet*, qui l'avait fait valoir ; et surtout qu'avec plus de tolérance et de bonté , les journalistes ne se plaisent pas à déprimer le zèle modeste , pour ne flatter que l'audace insolente.

---

# THÉATRE DES DÉLASSEMENS ,

## *Ci-devant Dramatique, Boulevard du Temple.*

N'EST-CE pas abuser du nom d'artistes, que de donner ce nom aux acteurs qui, sur ce théâtre , font rire les spectateurs avec les chefs-d'œuvre de *Corneille* et de *Racine?* Rien n'est au-dessus du zèle et de l'audace de ces sujets , quand il s'agit de plaire à leur public. On a vu sur l'affiche , non pas *Iphigénie* , mais *Éphigenie.* Il faut croire que c'est une faute de l'imprimeur. Le philosophe peut rire tout à son aise du gros rire de la bouffonnerie, et il vaut encore mieux rire que d'éprouver des spasmes, en voyant *la Bohémienne* , au ci-devant théâtre d'Emulation , et *la None de*

*Lindemberg*, aux Jeunes artistes, etc.
On a aux Délassemens, comédies pour
pleurer, tragédies pour rire, vaudevilles *détonnés*, et parodies, oh !...
c'est superbe !... Voici le répertoire
courn :

Encore Madame Angot ; l'Heureuse
décade ; la Comète ; le Mari confes-
seur ; Antigone ; les Deux sœurs ; la
Paix ; l'Enfant de la joie ; le Carme,
parodie du Moine ; On la tire aujour-
d'hui ; la Prévention détruite ; Jocrisse
à Tivoli ; les Voyages de Jeannot ; le
Tuteur malade ; le Fat corrigé, etc. etc.

---

## THÉATRE DE LA GAITÉ,

*Ci-devant théâtre d'Emulation, Bou-*
*levard du Temple.*

LE citoyen *Ribié*, d'abord acteur de
*Nicolet*, puis son associé, donna à cette
salle le titre modestement pompeux de
théâtre d'Emulation; sa brouillerie avec les

pauvres et ses acteurs, ainsi que la ré-
siliation du bail d'association avec la
veuve Nicolet, le lui ont fait quitter,
il y a un mois, pour se réfugier sur
celui du Marais. La citoyenne veuve
Nicolet, rentrée dans la propriété de
cette salle, la plus ancienne des Boulevards, a ressuscité l'ancien genre, qui
plaisait à la classe des artisans, et donne
aujourd'hui comme par le passé, la voltige, les danses de corde, les tours de souplesse, les équilibres, mal à propos
supprimés depuis deux ans, pour offrir
des monstruosités, comme la *Bohémienne* et le *Moine*. On y joue donc
actuellement l'ancien repertoire, des
pièces poissardes, des canevas italiens,
et le genre de *Zing-zing*, *Tasse-
Roussi-Friou*, *Titave*, *la Maison de
prêt*, *le Pédant amoureux*, *les deux
Arlequins*, etc. C'est au moins un
genre gai. L'ambition perd les hommes.
Tel brille au second rang, qui s'éclipse au
premier.

# THEATRE DE BIENFAISANCE,

*Rue Denis, au coin de celle des Lombards.*

CE théâtre, où des aveugles jouoient la comédie, était destiné à fournir à l'entretien de cette intéressante et malheureuse portion de l'humanité. ( Voyez l'article Institut national des aveugles travailleurs ).

# THEATRE DU MARAIS,

*Rue Culture Catherine.*

CE théâtre était dirigé par le citoyen *Chamin* qui y avait réuni des acteurs distingués et zélés de concourir aux vues bienfaisantes de ce directeur; le produit de la représentation des pièces étant destiné à secourir l'indigence. L'ouverture de la salle s'est faite par *Félix*, ou le *Triom-*

*phe de l'innocence*, suivi de *Rose et Colas*. Cette salle, quoique neuve, est tellement gothique, qu'on y croirait l'autel de Thalie, sous la voûte d'une cathédrale. Les ornemens du pourtour tiennent de ce goût ancien. C'est-là que le citoyen Baptiste *aîné* a commencé sa brillante carrière. C'est-là que le citoyen Ribié, ci-devant directeur du théâtre de Louvois, et de celui d'émulation, pourrait terminer la sienne, ( dramatique ou de directeur ) si ses acteurs continuoient d'imiter l'exemple du citoyen *Corse*, qui vient d'entrer au théâtre des *Variétés* du Palais-Egalité, dont il ne sera pas le moindre ornement.

---

# THÉATRE DE MAREUX,

*Au fond d'une cour, rue Antoine, n°. 46, au coin de la rue Tiron.*

AINSI nommé du nom du propriétaire. C'est un théâtre de société, où l'on

ne

ne joue que les jours de repos. — C'est
tout ce que nous pouvons en dire.

---

# THÉATRE DES PANTAGONIENS,

## *Boulevard du Temple.*

SPECTACLE beaucoup plus intéressant que ne l'annonce une affiche noire,
barbouillée en blanc, où le copiste
ignorant donne force soufflets à *Restaut*
et à *Wailly*. On y voit des métamorpho-
ses très-heureuses, telles que celle du
procureur dont les membres épars s'ani-
ment pour lui former autant de cliens, etc.
Il faut d'ailleurs des spectacles à tous
prix; et jusqu'aux parades les plus insi-
gnifiantes, ces amusemens ont un but
politique, celui de faire diversion au
désœuvrement, et de varier l'emploi de
nos loisirs, car

« L'ennui naquit un jour de l'uniformité.

D'ailleurs, il faut qu'un étranger voye
tout, et ce spectacle, vu une fois, n'est

I

pas indigne de son attention. Les changemens y sont bien exécutés, et le fond
des sujets prête ingénieusement à la
plaisanterie et à la gaîté.

---

# THÉATRE DES LILLIPUTIENS,

## *Palais - Egalité, côté de la rue Montpensier.*

Ce spectacle, qui se fait annoncer
comme les grands, par des affiches pompeuses, n'est, comme on le devine,
qu'un théâtre de marionnettes, assez
bien exécutées, mais ce sont toujours
des marionnettes ; et le boulevard du
Temple est si loin, que ne pouvant aller
aux pantagoniens, il faut aller voir les
Lilliputiens.

# THEATRE

## DES OMBRES CHINOISES DE SÉRAPHIN.

*Palais-Egalité, N°. 121, côté de la rue des Bons - Enfans.*

L'ARTIFICIER *Tortia*, boulevard du temple, montrait les feux pyriques ; des paradeurs, sur des tréteaux, y amusaient les oisifs ; il fut remplacé par les ombres chinoises. Ce genre de spectacle qui ne peut amuser que des enfans et leurs bonnes, mérite pourtant d'être vu une fois par les grands enfans, pour la rareté de l'invention. Mais c'est surtout *chez le citoyen Séraphin*, qu'il faut les voir : on ne peut refuser des éloges à la précision, à la justesse avec laquelle ces ombres sont exécutées, avec laquelle on imite les mouvemens propres à chaque animal, la vérité des tableaux, et la danse anglaise. On y voit la conquête de la Chine dans les ombres, le bucheron, resteà un, le collier dans les marionnettes, les feux pyriques et hydrauliques, le pont cassé, les arrêts de l'amour dans les marionnettes, le magicien, les perruques, ridicules, et demi-terme (1), le carnaval de Venise dans les marionnettes, la table d'ébène, l'embarras du ménage, la place Maubert, le jugement de Paris.

---

## SALLON DE FLORE,

*Maison Rugiéri, rue Lazare, N°. 110.*

ON y donne des bals, on y danse la course, on y soupe, on... on.... on.... etc., etc., etc. (Voyez les journaux et les affiches).

---

(1) On appelle *demi-terme*, un ventre postiche, dont nos femmes ont jugé à propos d'amener la mode; sans doute pour être respectées.

# THEATRE

## u Lycée des Arts.

endié le 25 frimaire. (Voyez l'o-
les bouffons français, page 82.

---

## ÉATRE DE L'ESTRAPADE.

ı en 1793; fermé l'année suivante,
occupé maintenant par un trai-

---

## 'ANTASMAGORIE

### de Robert-Son,

et cour des ci devant Capucines,
ıis d-vis la place Vendôme.

diable, les spectres et les revenans
aujourd'hui fort à la mode en
ce, étrangers, allez voir chez

Robert-Son des apparitions de spectres, fantômes et revenans, offerts par les mêmes moyens qu'ont dû et pu em-employer la *Pythonisse*, lorsqu'elle évoqua l'ombre de Samuël, les trois sorcières, lorsqu'elles apparurent à Macbeth; les prêtres de Memphis dans les mystères de l'initiation, etc. Il est faux que l'on puisse y faire paraître à volonté l'ombre de la personne que nous regrettons, si l'inventeur n'a pas préalablement un portrait du défunt.

Le citoyen *Robert-Son* y fait des expériences sur le fluide galvanique.

On y entend l'*harmonica* de Franklin.

La séance a lieu tous les jours à 6 heures et demie.

———

Note insérée par le citoyen *Robert-Son*, dans le n°. 135 des *Petites Affiches*, du 15 pluviôse, an 7.

« Le citoyen Robert-Son dénonce à l'opinion publique le nommé *Martin-Aubée*, garçon menuisier et son frère, qui, salariés chez lui, à 2 francs par jour, pour les ouvrages manuels de leur état, après avoir abusé de sa confiance, ont l'impudeur de s'annoncer au pavillon de l'Echiquier, comme ses élèves, ce ne sont que des fripons qui ont abusé de sa confiance sous tous les rapports. Le citoyen Robert-Son s'est pourvu devant les magistrats chargés de surveiller les lois sur les mœurs et les propriétés des sciences et arts.

# THÉATRE

## DES VICTOIRES NATIONALES,
### *Rue du Bac.*

CE spectacle, formé de la réunion précaire des artistes des différens autres théatres, est dirigé par le citoyen Cuvelier.

## THÉATRE GOMARD.
### *Rue des Victoires, ci-devant Chantereine.*

### THÉATRE DU MONT — PARNASSE,

*Boulevard du Luxembourg.*

---

### THÉATRE

*Enclos de la ci - devant Foire Germain.*

---

### THÉATRE DU CITOYEN LEBRUN,

*Successeur de Carlo-Pérsico, rue de Cléry, N°. 97.*

On y joue les canevas italiens.

---

# ESSENCE DE VIANDES

## ET DE LÉGUMES.

LE citoyen Prevost, rue d'Orléans-Honoré, N°. 28, *à la renommée des Galantines*, les débite avec succès;

tant pour la ville que pour les voyages. Ces essences consistent en consommés ordinaires, consommé de gibier, consommés en jambon de Bayonne, en jus, en légumes, en bouillon. Un imprimé indique la manière de les employer, et de les conserver.

Les dépôts sont chez les citoyens *Hirment*, marchand de comestibles, Palais-Egalité, derrière le théâtre de la République; et *Rouget*, pâtissier, place du Palais-Egalité.

## CABINET DE DÉMONSTRATION

### DE PHYSIOLOGIE ET DE PATHOLOGIE,

*Rue Hautefeuille, N°. 31, au premier.*

*Corporis nostri magnam natura ipsa videtur habuisse rationem.*

Ce cabinet, un des plus beaux et des plus curieux de la France, et qui

peut seul tenir lieu du meilleur cours
de morale, offre, dans la sage division
que lui a donnée le citoyen *Bertrand*,
ancien professeur de physiologie et d'ac-
couchemens, toute la structure du
corps humain, et les maladies auxquelles
il est sujet. Tout ce qui concerne les
femmes, les maladies internes et ex-
ternes, telles que la pulmonie, l'obs-
truction du pylóre, celle du foïe, la
néphrétique, l'apoplexie, le miséréré ;
l'onanisme et ses terribles résultats dans
les deux sexes, les maladies vénériennes,
et celles qui sont produites par la con-
tinence. Les sarcocèles, hydro-sarcocèles,
varicocèles, anus artificiels, cancers,
crystallines, fistules, polypes, etc. La
partie pathologique de ce cabinet nous
a paru supérieure à tout ce qu'il y a de
ce genre, en Europe et ailleurs. Tous ces
objets sont en cire préparée et si parfaitement imités, qu'en croyant voir la nature elle-même, l'artiste a épargné à
votre cœur, à votre œil, à votre odorat,

ce qu'elle aurait de rebutante et de terrible. La troisième pièce qui ne s'ouvre qu'aux artistes et aux philosophes, présente les phénomènes dans la génération, les hermaphrodites, les eunuques, *varias mentularum formas, morbos et duplicem coëundi modum.* La deuxième pièce offre les fœtus-monstres, et les déplorables effets de la débauche.

C'est dans cette pièce qu'il vous faudrait, pères de famille, conduire votre fils adolescent, pour lui donner un sûr préservatif contre la séduction des impures, et la jeune fille qu'un tempérament trop ardent et les aiguillons de la nymphomanie précipitent trop souvent dans un désordre qui trouble l'harmonie de la société et répand partout ses poisons dévastateurs. Etrangers, voulez-vous voir sans danger les nymphes enchanteresses du Palais-Egalité, et nos divinités de théâtres, allez auparavant contempler sur son lit de mort, cette figure que le citoyen Bertrand vous présente, d'un homme expirant des effets d'un moment d'erreur ; allez, et osez ensuite vous laisser séduire par de belles formes qui recèlent le trépas le plus vil et le plus douloureux. Adolescens qui voulez jouir sans prêtresses, voyez-y l'onaniste au dernier soupir, et à côté de ce squelette, ce qu'il était six mois auparavant. Quel tableau ! quelle leçon ! qu'est-ce que l'homme !

La politesse, le zèle, et la clarté avec laquelle le citoyen Bertrand explique tous les objets qu'il place sous nos yeux, la justesse des inscriptions placées au-dessus des tableaux, l'art du figuriste, le talent du professeur, tout rend ce cabinet au-dessus des éloges, en même tems qu'il en fait une excellente école de sagesse et de physiologie.

Le prix de l'entrée est d'un franc 50 centimes, et c'est trop peu payer d'utiles leçons, et la vue de ces chefs-d'œuvres divers. Il est ouvert depuis 9 heures du matin jusqu'à la nuit.

RESTAURATEURS.

## RESTAURATEURS.

Un nommé *Boulanger*, rue des Poulies, imagina en 1765, de donner des bouillons. N'étant pas traiteur et ne pouvant servir de ragoûts, il servait sur de petites tables de marbre, sans nappe, des œufs frais, des volailles au gros sel et du bouillon. Il avait mis sur sa porte cette inscription, tirée de l'évangile : *Venite ad me, omnes qui stomacho laboratis, et ego restaurabo vos.* Telle fut l'origine du mot restaurateur. D'autres, à l'exemple de Boulanger, s'établirent au Waux-hall, au Colisée, et dans tous les lieux d'assemblée et de plaisir ; mais ils se firent de plus traiteurs.

Les plus fameux aujourd'hui sont :
Véry, Palais-Egalité, n°. 83.
Beauvilliers, rue de la Loi, n°. 1243.
Méot, rue des Bons-Enfans.

K

Bancelin, boulevard du Temple.

Yardin, à côté du café *Harger*, au coin de la rue du faubourg du Temple.

Aurant, rue de la Michaudière, nᵒ. 878.

Juliet (l'acteur), rue Vivienne, nᵒ. 10.

Lépine, passage Valois, Palais-Egalité.

Maréchal, rue de la Jussienne, nᵒ. 165.

Laux, rue du Bacq, nᵒ. 612.

Robert, rue Martin, nᵒ. 66.

Prunier, rue de la Loi, nᵒ. 311.

---

# CABINET

## D'HISTOIRE-NATURELLE,

*Rue de la Loi, au coin de celle des Boucheries, Nᵒ. 950, au deuxième.*

**L**A citoyenne *Gaillard* tient un cabinet assez riche d'histoire naturelle, de

pierreries, d'antiquités, et autres curiosités de l'art. Elle se charge d'empailler
toutes sortes d'animaux, vend, achète et
échange des objets propres à la jouaillerie, diamans, rubis, saphirs, émerau-
des, topazes, cornalines, sardoines,
jaspes, agathes arborisées, turquoises,
lapis, malaquittes, pierres de touche et
autres de fantaisie, des coupes d'Aga-
the, socles, tabatières, brunissoirs,
boutons, plaques et grains pour colliers
en pierres; corail, dents de hochets,
agathes unies et gravées, tant antiques
que modernes, médailles, bronzes, animaux, minéraux, coquilles, etc. On
y trouve aussi des yeux d'émail, des mi-
néralogies portatives, pour 24 francs et
au-dessus, étiquetées d'après la nouvelle
nomenclature, et utiles à l'éducation des
enfans.

Ce cabinet n'est pas absolument ouvert aux curieux; ces objets étant des-
tinés à être vendus aux amateurs;
nous y avons remarqué entr'autres ra-

relés , une tortue de la plus grosse espèce.

---

## OUVRAGES EN CHEVEUX.

ETRANGERS , si vous avez laissé dans
votre patrie un objet que vous re-
grettez , et à qui vous voulez envoyer
un monument de votre souvenir et une
petite portion de vous-même , coupez
quelques mêches de vos cheveux , et
portez-les *rue Denis* , n°. 86 , un ou-
vrier adroit vous en composera des chiffres amoureux , des nœuds , des arabesques , des devises et autres sujets allé-
goriques , avec une vérité qui rivalise
celle de la peinture? Faites garnir des
bagues , des médaillons , ces riens ali-
mentent la tendresse , sont chers à la
fidélité ; exceptons-en pourtant les distractions , et songez au *billet de la
Châtre.*

## SILHOUETTE.

IL y avait autour du cirque du Palais-Egalité , un découpeur de portraits à la *Silhouette* , qui faisait jusqu'au paysage et aux chevaux. Il demeure actuellement...

## CAFÉS.

EST-IL rien de plus commode que ces sallons proprement décorés, où l'on peut, sans être astreint à la reconnoissance, se délasser de ses courses, lire les nouvelles, se chauffer gratis en hiver, se rafraichir à peu de frais en été, entendre la conversation, quelquefois curieuse des nouvellistes, et dire franchement son avis, sans crainte de déplaire au maître de la maison.

C'est au café de la *Duldurent* que s'assemblaient *Saurin*, *Lamotte*, *Dan-*

*chet*, *Boindin* et le lyrique *Rousseau*.
*Voltaire*, *Piron*, et *Sainte-Foix*, étaient
les habitués du café *Procope*. J. J. *Rousseau* fréquentait le café *de la Régence*,
et la foule des curieux qu'il y attirait
était si grande, que le lieutenant de
police fut obligé d'y faire placer une
sentinelle.

Zoppi a succédé à Procope, et son
café-est-le rendez-vous de plusieurs
lettrés, entr'autres du satirique *Clément*.
L'auteur du *Tableau de Paris* se rendait
au café *Manoury* au coin du quai de
l'Ecole, avant qu'il habitât au-dessus du
café qui fait le coin des rues Jacob et
Benoit. Le pleureur *Arnaud Baculard*,
l'emprunteur par excellence, va au café
de la *Régence* : Etrangers, méfiez-vous
de ses pleurs à commandement, et serrez
bien vos petits écus.

Celui qui veut connaître quelqu'un
des auteurs des pièces du boulevard, les
trouvera au café *Harger*, ci - devant
*Loyauté*, au coin de la rue du faubourg

du Temple. L'auteur *Dorvigny* l'a long-
tems fréquenté.

Les autres cafés célèbres sont ceux de
*Foix*, *de Chartres*, le café *Italien*,
celui du *Caveau*, au palais ci-devant
Royal, et le café *des* 1000 *Colonnes.*

Le café *Mécanique* n'existe plus.
Dans la première galerie de bois est un
café *Philarmonique*, souterrain.

Au coin de la galerie vitrée, passage
du théâtre de la République, est un café
où des aveugles de l'institut national des
aveugles travailleurs, dirigés par le
citoyen *Haüy*, forment un orchestre
vocal et instrumental de la meilleure
exécution, et attirent toujours la foule.

Outre les cafés du Palais-Egalité, il
y en trois presque contigus sur les vieux
boulevards, le *café Lyrique*, celui de
la *Victoire*, ci-devant *Yon*, celui *des
Arts*, et le café *Godet.* Il y en a un
auprès de l'ancien opéra, boulevard
Martin. Enfin, il y en a partout.

## CABINETS LITTÉRAIRES.

Les plus considérables et les plus commodément placés sont 1º. , celui du citoyen *Henrichs*, boulevard Italien, maison Tortoni, nº. 30, au coin de la rue Taitbout. Il vient de changer son cabinet de local, mais sans le changer de maison. L'entrée est la même, quoique les fenêtres ne donnent point sur le boulevard. On y trouve les nouvelles des principaux pays de l'Europe, ainsi que les meilleurs journaux français. Le prix d'abonnement est de 8 francs par mois, de 72 francs pour l'année entière, et de 40 centimes par séance.

2º. Celui du citoyen *Girardin*, dans un des pavillons du jardin du Palais-Egalité, vis-à-vis le café de Foix.

3º. Celui de la rue du Bacq, etc. etc.

On a cru utile de placer ici la liste des journaux existans à Paris, au mois de ven·

tôse an 7, pour diriger le choix des étrangers, et de marquer en lettres capitales,
les meilleurs et les plus anciens.

LE JOURNAL DE PARIS, *rue J. J.
Rousseau.*

L'Ami des Lois, *rue de Grenelle
faubourg Germain.*

Clef du cabinet des souverains, (*ibid.*)

MAGASIN ENCYCLOPÉDIQUE, ( *chez le
libraire Fuchs* ), *rue des Mathurins.*

LE PROPAGATEUR, *rue J. J. Rousseau.*

LE PUBLICISTE, *rue des Moineaux,*
L'observateur Politique, Littéraire
et Commercial, *rue Christine, Nº. 11.*

LES PETITES AFFICHES, *rue neuve
Augustin.*

COURRIER DES SPECTACLES, *par le Pan,
rue Guillaume, Nº. 1150.*

GAZETTE DE FRANCE, *rue Christine.*
Journal d'indications, *rue d'Argenteuil, Nº. 211.*

Le courier du Corps Législatif, *rue
Poupée.*

La Chronique Universelle, *rue An-dré-des-Arts, N°. 73.*

Le journal des dames, (*Vit-il encore?*)

Le Bien-Informé, ( *pas toujours.* )

Le Monde, (*qui n'est pas le pre-mier du monde), rue du Théâtre Fran-çais, N°. 4.*

Le journal des frères Chaigniau.

Le Nouvelliste Littéraire, *rue de Savoie, N°. 4.*

La Décade Philosophique et Lit-téraire, *rue Thèrese, Butte des Moulins.*

Le Moniteur, *rue des Poitevins.*

Le Surveillant, *rue Croix-des-Petits-Champs ; N°. 41.*

Le Bulletin de l'Europe.

L'Echo, *rue Grange-Batelière.*

Le journal du Commerce, ( *ibidem.* )

Le journal typographique, (*litté-rature* ), *rue du Battoir.*

Le Parisien, *rue des Vieux-Au-gustins.*

Le Thermomètre Politique, *aux Petits-Pères.*

Courier de Paris et des Départemens, *rue des Prêtres-Germain-l'Auxerrois.*

Le Postillon, par Calais, *cul-de-sac Matignon.*

Journal des Municipalités, *rue de Cléry*, N°. 270.

Affiches du jour, *rue Fromantéau*, N°. 1.

Nouveau journal des Théàtres, rédigé par Ducrai-Duminil.

Le journal des Muses, *rue du Théatre Français.*

Les mémoires de la Société d'Institution, *rue du Champ-Fleury*, N°. 97.

Journal du soir, *rue de Chartres.*

Le Flambeau, par Boudin, *rue Neuve des Petits-Champs*; ci-devant le *Fanal.*

Le Rédacteur, *cul-de-sac Péquay.*

Le Cosmète, *journal d'Institution*, rue du faubourg Denis.

Le Messager des Relations Extérieures, *rue Honoré, près l'hôtel ci-devant Noailles.*

Le Juif - errant, *rue des Francs-Bourgeois.*

Le Démocrite français , *rue Poupée.*

Le Mercure de France , journal Politique, Littéraire et Dramatique, par une société de gens de lettres.

Ce journal, dont la fondation remonte à plus de 200 ans , et qui fut le plus estimé des journaux de la France , vient de sortir de ses ruines. Il paraît tous les décadis, depuis le premier pluviose de cette année. Le prix de l'abonnement est de 40 francs par an , 21 francs pour 6 mois , et 11 francs pour 3 mois.

Les personnes qui ne désireroient que la partie littéraire , qu'on en sépare, la recevront tous les mois en 1 volume de 216 pages, port franc , moyennant 20 francs par an , 11 francs pour 6 mois , et 6 francs pour trois mois. On s'abonne chez Cailleau, Imprimeur-Libraire , rue de la Harpe , n°. 461 , en face de celle des Cordeliers.

Le citoyen Agasse , libraire , rue des
Poitevins ,

Poitevins, prétend que le *Mercure* qu'il publie est précisément celui que le citoyen Cailleau dit vouloir ressusciter. Il ne nous appartient pas de décider dans cette querelle de libraires. Eh bien! nous avons deux Mercures.

*Correspondance des Dames.*

Il paraîtra, promet-on, un n°. de ce journal (s'il peut vivre) deux fois par décade, à dater du 5 ventose, an 7. Chaque n°. de 16 pages d'impression, aura une gravure enluminée, et une planche de musique.

On souscrit à Paris, chez *Gide*, libraire, place Sulpice, au grand balcon.

Le prix de l'abonnement est de 48 francs par an, 25 pour 6 mois, 13 fr. pour 3 mois, et 2 francs de plus par trimestre pour les départemens.

Le rédacteur est un nommé *Lucet*, qui rédigeait et faisait rédiger pour son compte, *la Petite Poste de Paris*, que le 18 fructidor a heureusement fait taire. C'était la sentine des personna-

L

lités les plus odieuses , et de la calomnie la plus virulente ; mais il est toujours tems de dire son *peccavi*.

Dépôt des lois , chez le citoyen Rondonneau , *place du Carrousel*.

*Soirées littéraires* , par L. Coupé. Ce recueil précieux de la littérature ancienne et moderne , formant actuellement 12 vol. in-8°. et qui jouit de la réputation qu'il mérite , se trouve chez *Honnert*, rue du Colombier , n°. 1160, et chez *Lenoir* , rue de Savoie, n°. 4.

Nous ne pouvons trop en recommander la lecture aux voyageurs qui veulent s'instruire en s'amusant.

---

# PANTHÉON DES MUSES,

*Maison Longueville , rue Nicaise , N°. 12 , place du Carrousel.*

Tous les 5 et 10 de chaque décade, depuis 7 heures jusqu'à 11 heures et demie, il y a fête et bal. La beauté de

la salle, qui a 68 mètres de longueur,
située au centre de Paris, la manière
dont elle est éclairée et décorée, le choix
des artistes qui composent l'orchestre
dirigé par le citoyen *Hulin*, la tenue
qui y est observée, tout offre aux amateurs de la danse une *réunion* des plus
agréables pendant le cours de l'hiver.
L'orchestre, conduit par le citoyen Julien, est augmenté de plusieurs cadrilles
nouveaux. On y danse depuis 7 heures
jusqu'à minuit.

Le prix de l'entrée est de 3 francs pour
un cavalier et une femme; et pour une
personne seule, de 2 francs. En s'abon-
nant pour 4 bals, les 4 billets ne coûtent
que 6 livres.

Le citoyen *Ducy*, professeur de
danse, y tient cinq fois par décade, depuis 7 heures du soir jusqu'à 11, un
cours d'émulation, dans lequel il enseigne tout ce qui concerne son art.

# BAL D'ALIGRE,

## *Rue d'Orléans-Honoré.*

CE bal à grand orchestre, est tenu par les citoyens *Dolat* et *Maloisel*, professeurs de danse.

On y représente les *Moines au Couvent*, parfaitement imités par un moderne *Thiémé*, qui rend seul tous les différens personnages qui peuplent un moûtier, qui imite le jeu d'orgue à s'y méprendre. Le fameux *Ventriloque* y exécute des proverbes, 25 figures de caractère, et joue seul la scène du *Ramoneur*.

Le prix des places est de 1 franc 50 centimes pour un homme, et de 75 pour une femme.

Il faut présumer que bientôt chaque maison de Paris, sera une salle de danse. On s'étourdit sur sa misère. On trouve 3 francs pour danser, on n'a pas 50 cent. à donner à l'indigent, pour le préserver des rigueurs du froid. O tems ! ô mœurs !..

# AMPHITHÉÂTRE,

*D'exercices d'équitation et de voltige à cheval, situé à l'entrée du faubourg du Temple.*

Le citoyen *Franconi*, ses enfans et ses élèves, y ont repris leurs exercices; et les amis du bon goût, de la bonne comédie, aiment mieux le voir là que sur le théâtre, où l'on ne doit voir que des hommes et sur-tout du talent.

Le prix de l'entrée est de 3, 2 et 1 fr.

# SOCIÉTÉ DE FLORE,

*Maison ci-devant Boulogne, rue du Bac, N°. 249.*

Bal les 4, 6 et 10 de chaque décade, dans un des plus beaux salons de Paris, dirigé par le citoyen *Berton*, exartiste du théâtre Italien. Le prix du billet d'entrée est de 3 francs pour un cavalier et une femme. L'abonnement est de 16 francs, et l'on y conduit deux citoyennes.

---

## BAL D'HYVER,

### DU CITOYEN LUCQUET,

*Rue Etienne, N°. 3, quartier du Pont - neuf.*

Pʀɪx 2 francs par cavalier, en amenant 2 femmes.

---

Il y a aussi un bal de société dans les appartemens du théâtre de la rue Culture-Catherine.

# JARDIN NATIONAL

## DES PLANTES,

*Au haut de la rue Victor, vis à-vis la Pitié.*

C'EST par les soins du célèbre Buffon que ce jardin est aujourd'hui prolongé jusqu'au quai. Il est divisé en haut et bas. Dans la partie haute est une monticule, sur laquelle on monte par une allée en spirale, d'où l'on découvre tout Paris et ses environs. Dans le nouveau terrein est un vaste carré creux, dont le fond qui est au niveau de la rivière forme un bassin, autour duquel sont cultivées les plantes aquatiques.

Ce jardin est une promenade très-agréable, utile aux naturalistes et aux amateurs de la botanique. Au pied de la monticule, est le cèdre du Liban.

On y trouve toutes les plantes exotiques et indigènes ; deux très-gros cierges du Pérou, qui fleurissent tous les ans, et les deux palmiers éventails qui sont très-vieux et d'une espèce très-rare.

Il est assez inutile de faire de ce jardin une description qui serait toujours imparfaite, sur-tout quand on est persuadé qu'il n'est pas un voyageur assez peu curieux pour se contenter de cette lecture et ne pas le voir lui-même. Nous ne pouvons trop le recommander à l'admiration des étrangers, à la reconnoissance des amis de la nature, à l'innocente et studieuse curiosité des jeunes gens et au zèle des instituteurs. Il est à présumer que le gouvernement, qui n'oublie rien pour la plus grande gloire des arts, élevera quelque jour dans ce magnifique jardin, un monument à la gloire du célèbre Linnée, comme on vient de le lui ériger à Stockolm.

En attendant, nous placerons ici ces beaux vers de Fontanes, *sur les fleurs*, et sur ce jardin. Ils n'ont point été imprimés jusqu'ici.

Multipliez les fleurs, ornement du parterre;
Oh! si la fable encor venait charmer la terre,
Ces fleurs reproduiraient, en s'animant pour
    nous,
Et la jeune beauté qui mourut sans époux,
Et le guerrier qui tombe à la fleur de son
    âge,
Et l'imprudent jeune homme épris de son
    image.
Renais dans l'hiacinthe, enfant aimé d'un
    dieu !
Narcisse, à ta beauté dis un dernier adieu,
Penche-toi sur les eaux pour t'admirer en-
    core !
D'un éclat varié, que l'œillet se décore;
Et toi qui te cachas, plus humble que tes
    sœurs,
Violette, à mes pieds verse au'moins tes
    odeurs !
Que sous l'herbe en tous lieux ta pourpre se
    noircisse,
Et que la giroflée en montant s'épaississe !
Mariez le jasmin, le lilas, l'églantier,
Et surtout que la rose embaumant ce sentier,

Brille comme le teint de là vierge ingénue,
Que fait rougir l'amour d'une flamme in-
    connue.
Ces trésors pour vous seuls ne doivent pas
    fleurir.
A la jeune bergère on aime à les offrir,
Elle rend un sourire ; hélas ! belle rosière,
D'autres amis des mœurs doteront ta chau-
    mière.
Mes présens ne sont point une ferme, un
    troupeau,
Mais je puis d'une rose embellir ton cha-
    peau.

    O fleurs ! en tous les temps embaumez ma
    retraite,
Et plus heureux que moi, puisse un autre
    poëte,
Peindre sous des crayons frais comme vos
    couleurs,
Vos traits, vos doux instincts, vos sexes et
    vos mœurs.
L'amour, dont vos parfums enflamment le
    délire,
Souvent par vos bouquets étendit son em-
    pire ;
O fleurs ! qui tant de fois avez servi l'amour,
Votre sein virginal le ressent à son tour.
Oui, vous n'ignorez pas les humaines délices,
Vainement la pudeur, au fond de vos ca-
    lices,

Cacha de vos plaisirs le charme clandestin,
Les zéphirs précurseurs du soir et du matin,
Les zéphirs les ont vus, et leur voix for-
tunée
Raconte aux verds bosquets votre aimable
hymenée.

Cependant, si mon œil veut un jour de plus
près,
De vos lits amoureux surprendre les secrets,
J'irai dans ce jardin où, calme et solitaire,
La science à toute heure ouvre son sanc-
tuaire.
Que de fois, en entrant dans ce séjour sacré,
J'ai cru revoir ce dieu par l'Egypte adoré;
Ce Pan, qui du grand tout fut le visible em-
blême !
Sur les bords de la Seine il a porté lui-même,
Loin des rives du Nil, son culte et ses au-
tels,
Et ses prêtres savans, bienfaiteurs des mor-
tels.
Là, je vois rassemblés sous sa garde fé-
conde,
Tous les germes ravis aux quatre parts du
monde.
Quels riches entretiens ! tour-à-tour entraî-
né,
De l'éloquent Buffon à ce docte Linné.
J'entendrai les savans qu'a formés leur génie,

Ils partagent entr'eux la Nature infinie,
Et dans son vaste empire ils règnent tous en
      paix,
Chacun soulève un coin de ses voiles épais.
Sans ombre, o vérité ! tu veux qu'on te con-
      temple,
Le sphinx n'est plus assis sur le seuil de ton
      temple.
Ici tons les secrets s'ouvreut à tous les yeux:
Le divin Esculape, égaré dans ces lieux,
D'un art trop insulté m'expliquant les mys-
      tères,
Demande à l'humble fleur quelques soins sa-
      lutaires.
La fille du printems ne les refuse pas,
Car souvent ses bienfaits égalent ses appas.

   Ainsi donc que les fleurs, charme de votre
      asyle,
Ne frappent point les yeux d'un éclat inu-
      tile ;
A l'entour un essaim bourdonne sourdement;
C'est-là que pénétré d'un double enchante-
      ment,
Vous lisez au doux bruit de la roche agitée,
Ces vers plus doux encore où gémit Aristée ;
C'est-là qu'on rit par fois, Réaumur à la
      main,
Des aimables erreurs du poëte romain.

                    **BOULEVARDS.**

# BOULEVARDS.

PARIS est entouré par les *vieux* et *nouveaux* boulevards, dans une étendue de six mille quatre-vingt trois toises.

Les *vieux* boulevards, ou du nord, appelés les grands boulevards, commencés en 1536, plantés en 1660, offrent quatre rangées d'arbres. Spectacles, musiciens, bâteleurs, marionnettes, cafés, vaux-hall, hôtels magnifiques, restaurateurs ; l'industrie a tout rassemblé pour désennuyer et tendre des pièges à l'inexpérience, depuis la place de la Bastille, jusqu'à la rue de la Révolution.

Les vieux boulevards, au midi, achevés en 1761, vont depuis l'Observatoire jusqu'aux Invalides. Les allées y sont plus longues, plus larges, les arbres mieux venus. Ce local agreste n'a guères de spectacles, si ce n'est quelques jardins, tels que la *nouvelle Pologne* où

M

l'on danse, des jeux de boule et des balançoires, etc. Le côté de la ville offre quelques jolies maisons, et la vue porte sur des champs cultivés. C'est la promenade des bourgeois en famille, du sage, du poëte qui travaille, des amans qui fuyent la foule et le fracas, pour se recueillir et s'épancher dans leur amour. Les élégans et les oisifs, les voitures et les gourmands fréquentent les boulevards du nord, sur-tout de la porte Martin, à la rue de Ménil-Montant, et des Italiens à la rue neuve des Capucines, que l'on nommait, il n'y a pas encore long-tems *le petit Coblentz*. Aujourd'hui tout est dans l'ordre, et il n'y a d'autres partis à Paris que celui des plaisirs pour le riche, et celui de l'espérance pour le pauvre.

# BARRIÈRES DE PARIS.

Ces barrières qui firent murmurer Paris avant la révolution, sont redevenues nécessaires; il importe à la sûreté publique qu'une ville soit fermée. Elles sont placées aux principales issues des faubourgs; et occupées par des commis qui examinent les cartes des citoyens qui sortent, ou perçoivent les entrées. L'architecte *le Doux* a diversifié avec beaucoup d'art la forme de ces barrières; celle de la barrière ci-devant du trône, porte Antoine, représente un observatoire, au moyen de deux colonnes isolées au haut desquelles on monte par un escalier en vis, pratiqué dans l'intérieur, au-dessus des guérites. A la grille Chaillot, c'est un péristile; aux paillassons et à l'école militaire, ce sont des chapelles. Du côté du mont-Parnasse, de la Voirie et de Grenelle, ce sont de

M 2

lourdes masses et des constructions rus-
tiques. Au-delà de la Rapée, c'est un
temple à Vénus.

---

## BATELETS.

On trouve au bas des galeries du
Louvre, en face du guichet de Marigny,
des batelets qui partent à toute heure
pour Meudon, Sèvres et Saint-Cloud.
Les bateliers ne peuvent y recevoir plus
de 16 personnes. Le prix est de 25 centimes par personne, ce qui fait 4 francs
par bâtelet. Si six, huit ou dix citoyens
veulent partir seuls, ils sont libres de
le faire, en payant les 4 francs, comme
s'il y avait le complet.

---

## BAINS PUBLICS.

Le citoyen ALBERT, *quai d'Orsay,
aucoin de la rue de Belle-Chasse,
en face des Tuileries.* On y prend
les bains ordinaires et médicamentaux,

les douches ascendantes et descendantes, et les bains de vapeurs. On y trouve des chambres chaudes, des lits pour se reposer après le bain, et tout ce qui est nécessaire à la vie.

Le citoyen WASSE, rue Joseph, nº. 4, quartier Montmartre, en entrant par la rue du croissant.

Bains du Waux-Hall d'été, boulevard du Temple. 1 francs 20 centimes par personne.

Bains chauds sur la rivierre, quai d'Orsay. 1 franc 20 centimes.

Bains de Poitevin, au bas du Pont Neuf; même prix. Ceux en deçà du Pont national ont été submergés dans l'inondation de cet hyver.

Bains publics, rue du Temple. L'emplacement est des plus agréables. On a l'avantage de trouver un jardin dans lequel on se promène avant et après le bain.

Les bains Chinois, boulevard des Italiens, sont fermés depuis cinq ans, à cause d'un procès qui n'est pas encore jugé.

Les principaux emplacemens des bains sur la rivière sont :

Au bas du jardin, dit le terrain.

Au bas du quai, ci-devant Bourbon.

Sur le quai des Morfondus.

De la Féraille.

De l'École.

Des quatre Nations.

De la Grenouillère.

# RÉCRÉATION

## DE PHYSIQUE AMUSANTE.

Par le citoyen Perrin, Palais-Égalité, au premier au-dessus du caveau. L'entrée est à côté du passage du Perron, n°. 95, vis-à-vis la rue Vivienne.

# COURS DE BOTANIQUE,

## SUR LA CRYPTOGAMIE.

PAR le citoyen SUE, rue nenvé Luxembourg, n°. 160, la première rue après la place Vendôme, ou par le boulevard, n°. 41. Les leçons ont lieu deux fois par décade, les duodi et les nonidi.

---

# CABINETS

## DE FIGURES, EN CIRE.

LE premier et le plus ancien est celui du citoyen *Curtius*, boulevard du temple, à côté du théâtre Sans-Prétention. Cet artiste qui modelait sur nature, est mort, et sa veuve tient le cabinet.

Le second est celui du citoyen Orsy, sculpteur, dont le cabinet est situé porte et boulevard Martin, à l'ancienne salle de l'Opéra. Il modèle d'abord en terre, puis en marbre ou en cire, d'après nature, d'après un tableau, ou un dessin. Il excelle par une vérité de carnation et le naturel des attitudes.

Les autres cabinets de ce genre qui peuvent exister dans Paris, sont des succursales de ces deux là, ou ne peuvent guères par conséquent, intéresser l'amateur.

---

# MAISONS DE PRÊTS,

### DITES DE CONFIANCE.

IL est fâcheux d'être obligé de fixer dans un volume la scandaleuse existence de ces repaires d'usuriers, qui causent aujourd'hui la misère publique, détruisent le commerce, favorisent le recèlement des vols, et ôtent à l'honnête homme tout moyen de se procurer au taux ordinaire et légal les avances qui peuvent aider ses entreprises et faire prospérer son négoce. Voyez dans le journal de Paris, (pluviôse, an 7, ) la pétition des négocians de Paris, à l'effet de faire fermer tous ces antres qui fourmillent de reptiles et de vampires.

Les malheureux ! ils osent encore dire qu'ils veulent contribuer autant qu'il est en eux, au bonheur et à la prospérité de leur pays (en prêtant à 3 et 4 pour cent par mois ! )... Au reste, voici quelques-unes de ces charitables maisons :

Rue Grenier Lazare, n°. 665.

La citoyenne Tesson, rue de la Loi, n°. 18.

Lombard Lussan, rue Grenelle Honoré, ou du Bouloi, maison Saint-Simon.

Gaucher, rue d'Orléans, n°. 113.

Richard, rue de la Loi, n°. 175.

Caisse de négoce, rue Coqhéron n°. 64., vis-à-vis la poste aux lettres.

Autre caisse de négoce, rue du Platre

Jacques, n°. 6. Les employés sont George fils, Blanchard et Jalot *aîné*,

Cette caisse a pour objet de *prêter sur des marchandises* de tout genre, en nantissement de fonds, à un intérêt d'un demi pour cent par mois; de recevoir les créances et de payer les billets à domicile, à raison d'un huitième pour cent; de vendre en gros par commission à un demi pour cent; etc.

# AGENCE CENTRALE
## HYPOTHÉCAIRE.

*Palais Egalité*, *Cour des Fontaines*, *N°*. 1112.

Pour les inscriptions et transcriptions dans tous les départemens.

Dépôt des verreries nationales de Saint-Quirin et de Monthermé, chez les citoyens *Combe* et *Dumas*, rue des Bourdonnais, n°. 410.

Verrerie de Paris, près la Garre, tenue par le citoyen Saget.

---

Etablissement Guenifey-Savonnières, pour les huiles et bougies, rue Neuve-des-Petits-Champs, N°. 40, entre les rues Gaillon et d'Antin.

---

Jeu d'Echecs. Les amateurs de ce jeu peuvent aller au café ci-devant de la Régence, place du Palais-Egalité ; chez le citoyen Beaupied.

---

Huile antique, pour les cheveux, et eau romaine pour les laver. Chez le citoyen Maurice, rue Montorgueil, N°. 169.

---

## DÉPOTS.

Tablettes pectorales de Suisse, pour les rhumes opiniâtres et invétérés, les pituites, commencemens d'asthme, crachement de sang, catharres, toux continuelles.

Baume suédois, pour la guérison des engelures.

Chez le cit. *Deharambure*, pharmacien, rue Porte et carré Martin, N°. 11.

----

Magasin du *Fidèle berger*, rue des Lombards, le plus connu ; on y trouve :

. Epine-vinette de Dijon, gelées d'orange, pâtes d'Auvergne : de pommes et d'abricots, des alberges de Tours, gelées de pommes de Rouen, chocolat superfin, dragées et confitures.

----

Manufacture de porcelaine, de *Dilh* et *Guerhard*, rue du Temple :

Chez Nast, rue des Amandiers, N°. 6.

*Magasins de Musique et d'Instrumens.*

Sieber fils, rue de la Loi, N°. 1243.

Nadermann, rue d'Argenteuil, à Apollon.

Imbault, rue Honoré.

Gaveaux, passage Feydeau.

*Luthiers.*

### Luthiers.

Bresler, rue Béthisy , N°. 349.

Amelingue ,  rue Croix - des - Petits-Champs , pour les clarinettes.

Hermès, rue Honoré , N°, 69.

Erard , rue du Mail , N°. 373.

Cousineau, rne Thionville, N". 1840.

Nadermann , rue d'Argenteuil , *pour les harpes.*

Simon, rue Notre–Dame–des–Victoires , *pour les piano.*

### *Pessaires pour les hernies.*

LA santé des voyageurs nous devant être aussi précieuse que leurs plaisirs, nous croyons devoir prévenir ceux qui seraient attaqués de *hernies* ou *descentes*, qu'ils trouveront d'excellens bandages , des pessaires et des suspensoirs , chez le citoyen *Sellée*, du collége de chirurgie de Paris , et chirurgien herniaire de l'hospice du Roule , rue Nicaise , N°. 311 , à côté du chapelier , division des Tuileries.

N

## SALLE D'ESCRIME.

LE citoyen *Lebrun* donne des leçons, depuis six heures du soir jusqu'à 9, excepté les 3 et 7 de chaque décade : rue Montmartre, n°. 219, à côté du passage du Saumon.

## EAU DE BEAUTÉ.

LE dépôt est chez le citoyen Lemarchant, épicier, rue des Poulies, n°. 205, vis-à-vis le Louvre ; et rue Traînée, n°. 690. Prix 6 francs la bouteille.

Cette eau blanchit le teint, adoucit la peau, donne du coloris au visage, et fait disparoître les boutons. Elle adoucit le feu et l'impression du rasoir ; après la barbe, on en met une cuillerée dans un verre d'eau. La célèbre Dubarri en faisait usage.

# ESSENCE VESTIMENTALE,

## DE DUPLEIX.

RUE Martin, n°. 113 et 37, vis-à-vis la rue aux Ours et le théâtre de Molière. Prix de la bouteille, 4 fr. 50 cent. prise chez lui. —— Sel pour enlever l'encre et la rouille, 60 cent.

### *Eau Céphalique contre la surdité.*

Par le citoyen *Maigrot*, médecin, rue de Paradis, n°. 5, faubourg Denis.

———

Poudre physique, odontalgique, du citoyen *Seinsheim*, chimiste, pour conserver, blanchir, guérir les dents, le scorbut et guérir la mauvaise haleine. Chez *Linand*, marchand d'estampes, palais du Conseil des 500; et la citoyenne *Henri*, rue des Boucheries, passage de la treille, n°. 90.

N 2

Pastilles au chocolat, pour les maladies vénériennes, par le citoyen *Mart-
n r*, rue de l'Oratoire, n°. 147, près le
Louvre. La boëte de 4 paquets est de
36 livres.

---

Baume de vie du citoyen *Leliévre*;
ce médicament purgatif, stomachique
et anti-scorbutique, se vend chez la
citoyenne Hérissant, rue des Bons
Enfans, n°. 1333; et rue de Valois
n°. 1125. Prix, le décilitre (ou poisson)
3 francs.

---

Eau de Cologne, première qualité,
14 francs la caisse, et 1 franc 20 centimes le rouleau; rue Montorgueil,
n°. 169, chez le citoyen Maurice.

---

## JOUTE SUR L'EAU.

Les mariniers de la Rapée et ceux du
Gros-Caillou ont établi un spectacle

sur la rivierre pendant l'été, en face des Invalides. Ces fêtes ont lieu le décadi, et sont terminées par un feu d'artifice.

## ÉCOLE DE NATATION.

Le citoyen Deligny tient une école de natation, rue de l'Université, n°. 302, division de Grenelle.

## MAITRES DE BILLARD.

Brunet, rue des Brodeurs, n°. 811.

Dubois, faubourg Denis, n°. 9.

Giroux, marché Daguesseau, n°. 295.

Lachaussée, faubourg Laurent, n°. 112.

Michel, quai des Ormes, n°. 45.

## BACS.

Il y a deux bacs à Paris, l'un devant le Jardin National des Plantes, vis-à-vis l'Arsenal ; l'autre vis-à-vis les Invalides.

---

# ABREUVOIRS.

Il y a onze abreuvoirs à Paris, distribués sur les bords de la rivière, pour la commodité du public. Il est à desirer, pour éviter les malheurs, que le bureau Central de Paris enjoigne aux conducteurs des chevaux de roulage, qui y mènent leurs chevaux, de ne point passer dans des rues étroites, comme celle du Champ-Fleuri, lorsque la rue du Coq-Honoré est plus large, et n'est pas plus éloignée de leur chemin.

---

# MANUFACTURE DES GOBELINS,

## *Au coin de la rue Mouffetard.*

Le nom de *Gobelins* lui vient de deux célèbres teinturiers de ce nom, natifs de Rheims, qui s'établirent à Paris, sous François Ier. Le directeur de cette manufacture, qui est toujours ouverte aux étrangers, est le cit. *Charles Guillaumot.* C'est là que l'on met en couleur, que l'on mélange la laine et la soie, en haute et basse lisse, à un tel dégré de perfection, que dans une exposition au Louvre, on a pris pour un tableau une tapisserie que l'on avait encadrée.

---

## MANUFACTURE DES GLACES,

*Rue de Reuilly, faubourg Antoine.*

C'EST-LA que l'on donne à présent l'étamage et le poli aux pièces coulées à Saint-Gobin, près la Fère, et à Cherbourg. C'est sous le ministre Colbert que cette manufacture fut établie, comme celle des Gobelins. Avant, on les tirait de Venise. On a trouvé le moyen de les couler aujourd'hui dans le volume le plus considérable.

## *Manufacture d'acier minéral.*

Buffault, rue d'Orléans, n°. 15, division de l'Homme-Armé.

## *Manufacture de Cristaux.*

Besson, rue Montorgueil, n°. 1018, division des Invalides.

## *Manufacture en Cuivre.*

Daumy *aîné*, enclos de la Cité, n°. 5.

Daumy, *jeune*, même maison.

## *Manufacture de tapisseries d'Aubusson.*

Rogier, rue de la Huchette.

## *Manufacture de Porcelaine, à Sévres, près Paris.*

Rien n'égale les ouvrages de cette manufacture, et nous sommes dispensés de dire plus que son nom célèbre.

*Manufacture de Plomb laminé.*

Maison de Seine, île Denis, et rue Villedot.

Rue Bethisy, au coin de la rue du Roule.

*Manufacture de Papiers peints.*

Les successeurs des citoyens *Arthur* et *Grenard*, ont, au coin de la rue ci-devant Louis-le-Grand, sur le boulevard, des atteliers immenses, où deux cent ouvriers sont occupés journellement. Ces commerçans se font un plaisir de faire connaître aux amateurs tous les détails de cette fabrication, à l'aide de laquelle on exécute aujourd'hui avec la plus grande perfection tous les ornemens de la peinture, de la sculpture et de l'architecture, et dont nos salles de spectacles offrent la preuve. Ils ont aussi une magnifique collection d'estampes anglaises et françaises.

———————

Nous ignorons si les manufactures

suivantes existent encore à ces adresses, mais le voyageur pourra s'en informer.

Manufacture de terre d'Angleterre, *au Pont aux choux.*

— de velours à la turque, faubourg Antoine, *près les Enfans Trouvés.*

— de lanternes à réverbères, au bas du Marché Neuf.

— de vinaigres; Maille, rue des Prouvaires.

— de sirops et liqueurs; le citoyen Gosset, rue du Hurepoix.

— de Sparterie, rue Popincourt.

— de draps et teinture; à l'entrée de la rue des Gobelins.

— de levure incorruptible, rue des Amandiers, n°. 3, faubourg Antoine.

— de chandelles; à Scipion, faubourg Marcel.

— d'huile de pieds de bœuf et de tripes, au Gros-Caillou.

— d'acier et d'acide, à Javelle.

— d'horlogerie, rue du Buisson Louis, faubourg du Temple.

— de savon, rue d'Enfer, en la Cité.

— de fayence, rue Dominique, au Gros-Caillou.

— de couvertures, rue Victor.

— de fers à l'abri de la rouille ; aux Thermes, au-delà de la barrière du Roule, ancien chemin de Neuilly.

— d'étamage à couche épaisse, à volonté, sur le cuivre ou sur le fer ; à côté de la rue Thévenot, côté de la rue Denis, n°. 6.

— de *toiles de coton*, rue Lenoir, au coin de celle Charenton, faubourg Antoine.

---

La plus belle manufacture d'armes est celle de Versailles. Les voyageurs verront avec plaisir ces atteliers où se forgent *Tela tyrannorum debellatura furores.*

Il serait trop long de détailler le nombre des manufactures de Paris, et le voyageur ne peut espérer que nous puissions les comprendre toutes dans ce volume, consacré à offrir un peu de tout.

---

# LOUEURS DE CHEVAUX.

Beschet, rue Taitbout, n°. 2.

Demours, rue Mazarine, n°. 1578.

Duneffour, rue du faubourg Montmartre, n°. 925.

Pavard, rue Beaurepaire, n°. 28.

Perrée, rue Tireboudin, n°. 2.

Perrée, rue du Renard, n°, 2.

---

# LOUEURS DE VOITURES.

Baudinier, rue de Ménars, n°. 9.

Blanchet, rue des Grands Augustins, n°. 10.

Bouchard, rue de Lille, n°. 485.

Brunel, rue des Vieux-Augustins, n°. 24,

Charles, rue d'Antin, n°. 922.

Clairet, rue de Grammont, n°. 573.

Cornu,

Cornu, rue Victor, n°. 90.
Domont, rue d'Argenteuil, n°. 217.
Douvry, rue de la Loi, n°. 333.
Croizier, rue des Pères, n°. 7.
Craise, rue de Clichy, n°. 30.
Ferrand, rue Cadet.
Guibet, rue du petit Lion, n°. 707.

---

# TAILLEURS.

Nous sommes dispensés de donner les adresses de cette classe d'ouvriers, le Palais-Egalité en fourmille, et l'on y trouve des habits tout faits. Au reste, en voici quelques-uns :

Thomassin, rue Béthisy, n°. 299.

L. Bilas, rue des Vieux Augustins, n°. 15.

Paul, rue de L'arbre Sec, n°. 250.

May, rue de Rohan, n°. 444.

Lebochod, rue Faydeau, n°. 212.

Walter, rue Croix-des-Petits-Champs, n°. 134.

O

# TIVOLI.

## *Jardin Boutin, rue de Clichy.*

Le prix d'entrée est de 3 francs. Danses, feux d'artifices. Ce jardin, le premier de ce genre qui ait été construit à Paris, réunit à des parties symétriques des promenades agrestes et différentes sinuosités de ruisseaux. Le voisinage d'une petite laiterie élégante, y contraste par sa simplicité, avec le luxe des plus élégans pavillons modernes.

# JARDIN MARBŒUF,

## *Grille de Chaillot, dans les Champs-Elysées.*

Ce jardin, formé par l'anglais *Jansen*, qui l'a disposé dans le genre de ceux de son pays, est un des plus curieux et des plus pittoresques. On y danse aussi tout l'été.

# MOUSSEAUX,

## *(Barrière de ce nom)*

Ce jardin est public, et devenu un lieu de divertissement. Son enceinte n'est fermée que par un fossé, et la vue n'y est point bornée. On y trouve des ruines, rochers, montagnes, rivières, etc. (Voyez le *Guide des voyageur, tome I, page* 64.)

# LA MUETTE,

## *A l'entrée du Bois de Boulogne, du côté de Passy.*

Ce jardin a des parterres immenses, où la vue se prolonge jusqu'aux montagnes de Sannois. A droite, des bosquets délicieux, un vaste boulingrin, des orangers, des avenues alignées

avec les principales routes du bois,
dont une a Madrid pour perspective.

---

# JARDIN BIRON,

*rue de Varennes , faubourg-Germain.*

Ce jardin charmant joint à sa vaste
étendue la promenade la plus agréable ,
par la beauté des fleurs, et la grande
propreté qui y règne ; la magnificence
des treillages qui le décorent et le superbe potager qui le termine. C'est un
des rendez-vous de la belle société, qui
y danse l'été et se livre à tous les amusemens que permet cette riante saison.

## *Jardin de l'Arsenal.*

Sur le rempart de Paris, entre la
place de la Bastille et la rivière. Il est
peu fréquenté. On y trouve pourtant une
promenade agréable, quelques restes des
fortifications de Paris ; un quinconce

nouvellement planté, et du côté de la rivière, la vue la plus pittoresque.

*Jardin du Temple.*

Enclos de ce palais. Il n'est pas plus fréquenté que le précédent.

*Jardin Soubise.* Ce petit jardin n'est plus rien.

— *du Terrain.* Ile de la fraternité, derrière le chevet .de la ci - devant métropole. Il n'est pas public.

— *de Brissac*, rue de Grenelle, faubourg Germain.

— *de l Infante.* Terrasse du Louvre régnant sur le quai. Rendez-vous ordinaire des enfans et de leurs bonnes. On y voit, du côté du quai, les quatre chevaux de la porte Saint-Marc à Venise, en attendant qu'on leur ait trouvé une place digne de leur précieuse antiquité. Nous devons la possession de cette fameuse pièce aux conquêtes de l'armée d'Italie et à la valeur de l'immortel Buonaparte. Les travaux à faire au Muséum, dont ce jardin est devenu l'atelier, ne permettent pas de le rendre public pour le moment.

— *du Luxembourg*, aujourd'hui *du Palais Directorial.*

Nous avons tout à espérer pour l'embellissement de ce jardin, du zèle que le gouvernement républicain témoigne aux arts et du goût des propriétaires.

---

# JARDIN

## DE L'ÉLYSÉE-BOURBON,

*Au milieu des Champs-Elysées.*

CE jardin est un des plus beaux et des plus pittoresques. Des avenues sinueuses, des rochers, un ruisseau, des statues, des appartemens superbes. C'est un de nos rendez-vous le plus fréquentés dans la belle saison. On y entre par billets payans.

# JARDIN THÉLUSSON,

*Chaussée d'Antin, en face de la rue
ci-devant d'Artois.*

C'est un temple à Vénus, auquel
on a adossé une maison. On y trouve un
sallon circulaire, dont la moitié est en
saillie au milieu de la façade et qui
parait assis sur un rocher ou grotte.
L'intérieur est remarquable par la
beauté des peintures, sur-tout la salle
du concert. Une société d'aimables
poëtes s'y réunit l'hyver ; leurs séances
sont publiques, avec des billets. De
ce nombre sont les citoyens *Legouvé,
Andrieux, Lemercier, Monvel fils,
Arnaud, Chénier, Vigée Demon-
tier*, etc. Ils publient leurs poësies
dans un recueil intitulé : *Les Veillées
des Muses*. 1 *vol. in-*12.

# LYCÉE MARBŒUF,

*Rue du faubourg Honoré , près celle
des Champs-Elysés.*

LE jardin n'a rien de remarquable ,
mais les amis de la littérature agréable
s'y rendront, pour écouter les lectures
qu'y font des personnes du premier mérite , de toutes les autres sociétés savantes de Paris. Le citoyen Guyot
Desherbiers y lit quelquefois. On a entendu avec transport son poëme sur les
chats. La Sapho du XIX$^e$. siècle, la
citoyenne Pipelet-Théis , de la société
des Belles-lettres , y enchante sous les
triples attributs de compositeur do
*paroles*, de musique, et de chant.

# MARCHÉS.

UN décret de la Convention Nationale, rendu au mois de Floréal, an 3 , a

supprimé le trop fameux club des Jaco-
bins, et a destiné son emplacement à
un marché. Un poëte latin a fait le
quatrain suivant qui nous a paru digne
de Santeuil, et que nous avons trouvé
dans un recueil de vers, intitulé
*Réveil d'Apollon.* Le gouvernement
pourrait le faire graver sur la porte
de ce marché. Le voici :

*Impia tortorum longos hic turba furores,*
*Sanguinis innocui non satiata , aluit.*
*Sospite nunc patriâ, fracto nunc funeris antro,*
*Mors ubi dira fuit, vita salusque patent.*

*Le marché d'Aguesseau*, faubourg
Honoré.

— *de l'apport Paris* , près le Grand
Châtelet.

— *de Boulainvillers* , rue du Bacq,
faubourg Germain.

— *de Beauce* ou *des Enfans Rouges*,
au coin de la rue Charlot.

— *aux Chevaux*, boulevard de l'Hôpital, et rue Poliveau.

— *de la Culture-Catherine*, rue Antoine.

— *du cimetière-Jean*, près la rue de la Verrerie.

— *aux fleurs*, *arbres*, quai de la Mégisserie, dit de la Féraille.

— *aux fleurs*, en bouquets, rue aux fers.

— *du faubourg Antoine*.

— *de la foire Germain*, au bout de la rue de Bussy.

— *de la nouvelle place aux Veaux*, quai des Miramionnes.

— *aux Poirées*, ou *halle aux*. de la rue de la Fromagerie, à celle aux fers.

— *Neuf*, entre le pont Michel et Saint-Germain-le-Vieux.

— *de la place Maubert*, au bas de la montagne Geneviève.

— *des Quinze-Vingt*, rue Honoré.

— *Martin-des-Champs*, rue Martin.

— *du Temple*, dans l'enclos de cet édifice.

— *de la Croix-Rouge*, près les ci-devant Prémontrés.

*— de la porte Michel.*

*— Saint Etienne-des-Grés*, au haut de la rue Jacques.

*— des Patriarches*, près Saint-Médard.

---

## HALLES.

HALLE aux bleds, farines et grains, rue de Viarmes, quartier Honoré.

— aux cuirs, rue Mauconseil.

— aux draps et aux toiles.

— à la marée.

— aux fruits.

— aux herbages et aux choux, rue de la Féronnerie.

— au poisson d'eau douce, rue de la Cossonnerie.

— aux suifs.

— au vin, sur le quai des fossés-Bernard.

# JEUX DE PAUME.

Les plus fréquentés sont :

1°. Boulevard du Temple, 2°. rue Mazarine, 3°. rue des Ecouffes, 4°. rue de Grenelle-Honoré, 5°. rue Beaurepaire.

### *Jeux de longue Paume.*

Le battoir n'est plus en usage. C'est dans la grande esplanade des Champs-Elysées que se rassemblent les joueurs de longue paume ; les joueurs au ballon et au cochonet. Il y a toujours une foule de spectateurs.

# OBSERVATOIRE,

### *Au haut du faubourg Jacques.*

Cet édifice, érigé par *Perrault*, sous Colbert, en 1667, est tout voûté. On n'y a employé ni fer, ni bois. On

voit

voit gravée sur le pavé d'une des
salles, une carte universelle en cercle,
par *Chazelles* et *Sédillau* ; 2°. la salle
*des Secrets* ; au nord et au midi, deux
embrasures ou fentes, pour l'observation
des astres. 4°. Un escalier en coquille,
qui laisse un vuide, à la place du
noyau, et forme un puits de 170 pieds
de profondeur, au fond de laquelle
on peut voir la lumière. C'est de ce
puits qu'on observe les dégrés d'accé-
lération dans la descente des corps. 5°.
Les caves qui conduisent à plus de 50 rues
formées par des carrières. 6°. Dans
une de ces caves, l'eau qui se pétrifie en
filtrant à travers le roc qui en forme
le ciel. Il y a trois observateurs toujours en activité, et une bibliothèque
complette pour l'astronomie.

Les autres observatoires particuliers
sont ceux-ci : 1°. Au ci-devant collège
royal ; 2°. à l'hôtel *Cluny* ; 3°. au
Panthéon ; 4°. à l'Ecole Militaire ; 5°.
aux ci-devant Capucins, rue Honoré.

P

# INSTITUT NATIONAL

## DES AVEUGLES TRAVAILLEURS,

*Rue Denis , au coin de celle des Lombards , N°. 34.*

C'EST aux talens infatigables et aux intentions philantropiques du citoyen *Haüy,* que cet utile institut doit son établissement; et à l'humanité des gouvernans républicains, son éclat. Le citoyen *Haüy* a rendu utiles à eux-mêmes et à la société, des infortunés privés de la vue, et leur a appris des choses que beaucoup de clairvoyans ne sauraient exécuter. Les uns sont musiciens, les autres calculateurs. Imprimerie, tricot, fabrique de gands, tout est à leur portée. Ils enseignent la lecture, la géographie et le calcul. Ils ont joué la comédie, et une comédie faite en bons vers par un aveugle, nommé *Avisse.* Le citoyen

*Haüy* se fait un plaisir de montrer aux
curieux tout ce que ses intéressans
élèves savent faire. Il vient d'obtenir
pour eux une bibliothèque, et nous
invitons les auteurs à faire à cet institut, le cadeau d'un exemplaire de
leurs ouvrages. Cet institut a été lo
berceau de la religion *Théo Philan-
tropique*, ou naturelle, dont le culte
se fait aujourd'hui dans plusieurs églises
de Paris, d'une manière très-édifiante.

---

## PATISSIERS.

LE commerce des petits pâtés est beaucoup plus lucratif aujourd'hui que celui
des livres. Les nouveaux riches savent
manger, mais ils ne savent pas lire.
Anciennement à Paris, les Patissiers
avaient pour enseigne une lanterne ornée de figures grotesques, qu'ils allu-
maient le soir. On disait alors d'un dé-
bauché : *il a toute honte bue, il a*

*passé devant l'huis d'un pâtissier* , et
cela parce que les cabarets situés derrière leurs maisons avaient une porte
dérobée , pour ceux qui n'étant pas
encore des buveurs d'habitude , ne vou-
laient pas mettre le public dans la confi-
dence de leur friandise et de leur petite
sensualité. Les pâtissiers avaient encore
en 1784 , la coutume de donner à boire
aux friands de pâtisseries, l'hyver dans
un petit cabinet au-dessus de leur four,
et l'été dans une arrière-salle fraîche,
ou dans un jardin ; et la meilleure compagnie pouvait aller s'y régaler, sans
choquer la bienséance et l'étiquette. Le
nombre des pâtissiers à Paris est prodi-
gieux ; mais les friands et les amis de la
littérature devraient, de préférence, fré-
quenter la boutique de la citoyenne
veuve *Thomas*, boulevard du Temple,
à côté de *Bancelin*, vis-à-vis la rue
Charlot. Pourquoi ? Parce que la pâ-
tisserie y est excellente : parce que le
citoyen Thomas, qui, avant la révolu-

tion , avait pour enseigne *les armes de Voltaire* , fut le maître d'hôtel de ce grand homme , qui l'aimait beaucoup , et qui l'alla voir à son dernier voyage à Paris : parce que l'immortel auteur d'*Irène* étoit le compère du citoyen *Thomas* , à la fille duquel il donna le nom de l'héroïne de cette tragédie;parce que la veuve Thomas donne ses pâtés avec la meilleure grace , et enchante les acheteurs. Vous voyez que les pâtés nous ont conduits à une anecdote échappée aux historiens.

---

## LES INVALIDES.

GRAND Charlemagne , père de la douce Imma , et vous, antiques pères de l'église grecque et latine, vos figures en marbre et en pierre gissent mutilées , au bas du dôme. Votre règne n'est plus de ce monde. *Les figures républicaines* de *la Justice,* de *la Tempérance,* de *la*

*Force* et de *la Prudence*, sont seules restées en place.

Cinq cours uniformes, environnées de bâtimens, composent ce majestueux édifice, projetté par Henri IV, exécuté par Louis XIV.

Étrangers, si vous ne voyez pas l'église, convertie en magasin, et par conséquent devenue plus utile, il reste encore assez pour votre admiration, 1°. la cour du milieu composée de deux rangs d'arcades, formant des galeries qui éclairent les logemens du pourtour; 2°. l'horloge à équation, par le célèbre *Lepautre*; 3°. le dôme, environné à l'extérieur de 40 colonnes d'ordre composite, couvert en plomb, et orné de douze côtes dorées, et d'une lanterne à colonnes qui soutient une pyramide surmontée d'une boule. La hauteur de ce dôme est de 300 pieds; 4°. les cuisines dont l'étendue est immense; 5°. les 4 grands réfectoires ornés des tableaux *corrigés*, représentant les conquêtes de Louis XIV ; 6°. le pavé du dôme, qui est intact ; et offre un riche compartiment de différens marbres très-précieux. Le pouvoir conservateur des arts a réuni au dépôt des Petits-Augustins les statues qui décoraient les six chapelles de l'église. Du côté de la rivière est une avant-cour qui renferme la principale façade, recemment regrattée, et qui a 200 toises d'étendue.

Le gouvernement républicain, plein de la plus vigilante sollicitude pour ses défenseurs, a établi dans cette maison un institut national, dont le chef est le citoyen *Brard*, professeur d'écriture, membre de la société d'institution.

---

## LE PANTHÉON.

ENFIN, grace à la victoire du philosophisme, et aux decrets de la raison, Voltaire, Rousseau, et Descartes ont donné congé de ce beau local à la bonne *Ge-*

*nevieve,*à l'amante de *Germain* (1), qui avait trop de modestie pour s'y trouver à aise. Je doute pourtant qu'elle y voie admettre avec plaisir l'érotique Evariste Parni , qui a osé récemment dévoiler sa tendre faiblesse.

Ce monument , digne de l'admiration de tous les voyageurs, est situé au haut de la rue Jacques. Il s'annonce par un péristile de 22 colonnes corinthiennes , dont 18 sont de 58 pieds 3 pouces de hauteur , et par un dôme , présentant un temple circulaire , formé de 32 colonnes de 34 pieds de haut , supportées par un stylobate circulaire , posé sur un soubassement octogone. Autour règne une terrasse bordée d'une balustrade en fer. La coupole au-dessus de l'attique , offre des côtes saillantes. Elle doit être surmontée d'une renommée en

______

(1) Voyez *le* Poëme de Parny, intitulé : *La guerre des Dieux anciens et modernes*, en 10 chants , 1 vol. in-12 . qui se trouve chez le même libraire.

bronze, de 28 pieds de hauteur, pesant 52 milliers. A l'extrémité de cette coupole est une seconde galerie, élevée de 166 pieds au-dessus du niveau de la place, et sur laquelle on jouit de la plus imposante perspective. Le fronton porte cette inscription, qui honore le gouvernement républicain : *Aux Grands Hommes, la patrie reconnoissante.* Il y a une bibliothèque attachée à ce monument. (Voyez l'article *Bibliothèque*).

L'intérieur est composé de quatre nefs, au milieu desquelles est un dôme. Elles sont décorées de 130 colonnes cannelées, d'ordre corinthien, de 27 pieds 8 pouces de hauteur, qui supportent un entablement qui sert de base à des tribunes bordées de balustrades en pierres. L'intérieur du dôme offre 16 colonnes, avec des vitraux dans les entre-colonnemens, et supporte une voûte sphérique, dont le milieu offre une ouverture surmontée d'une seconde voûte plus élevée.

# SOCIÉTE LIBRE

*Des Sciences, Lettres et Arts de Paris, au Palais national des Sciences et des Arts.*

CETTE société qui a pour but le perfectionnement et la propagation des connaissances humaines, s'assemble les 4 et les 9 de chaque décade, dans la salle des ci-devant ducs et pairs, jusqu'à ce que le gouvernement puisse la faire jouir du local occupé par l'ancienne Académie française. Ses séances publiques ont lieu les 9 vendémiaire, nivose, germinal et messidor. Elle est composée de membres résidens et non résidens, divisés en trois classes : celle des sciences, celle des lettres et celle des arts, et correspond exactement avec toutes les sociétés littéraires et savantes, tant républicoles qu'étrangères. Elle publie des mémoires. Les savans, hommes de lettres et artistes, étrangers au département de la Seine, sont admis aux séances particulières de la société, présentés par un membre.

On ne reprochera point à cette société un amalgame défectueux ; sa sévérité dans l'examen et l'admission des candidats, la réputation des artistes qui la composent, la rendent au moins l'égale de l'institut, dont elle possède d'ailleurs quelques savans des plus recommandables. Mais, comme nous l'avons dit à l'article *Institut*, il importait lors de sa création de mettre le républicanisme avant le véritable talent ; par conséquent, ce que nous appelons *erreur* était nécessité par l'intérêt de la république, et *Louvet* et *Andrieux* valaient mieux que *Rétif* et *Clément. Laharpe, Delille* et *Sicard* sont de grands hommes, mais il nous faut de bons citoyens.

# SOCIÉTÉ DE MÉDECINE.

Cette société tient ses séances dans la même salle que celle des sciences, lettres et arts, à des jours différens. Ses membres, animés du desir de soulager l'humanité, sont choisis parmi ceux dont les lumières ont répandu le plus de jour dans cette science obscure, qui a mal à propos trouvé tant de sceptiques et de railleurs.

# SOCIÉTÉ D'INSTITUTION.

Cette société qui a même local, et même but, tient ses séances particulières les 6 de chaque décade. Elle existait avant la révolution sous le titre de *bureau académique d'écriture*, à la bibliothèque, rue de la Loi. Elle se recompose, sans se dissoudre, au Lycée des arts, et enfin dans le palais national

où

où elle est aujourd'hui, en s'associant des littérateurs, et d'autres artistes. Tout ce qui concerne l'éducation est de son ressort. Leçons et vérifications d'écritures, calculs, grammaire, orthographe, dessin, poësie morale, physique, histoire. Elle donne aussi des séances publiques tous les trois mois. Elle compte parmi ses membres plusieurs savans et littérateurs, tant de l'Institut, que du Lycée des Arts, et de la société des sciences et arts. Elle publie des mémoires. Les artistes les plus distingués dans la classe des artistes écrivains, sont les citoyens *Harger*, expert vérificateur, *Bernard*, *Guillaume*, *Brard*, *Léchard*, *Goblet*, *Vallain*, *Verron*, *Colombelle*, *Bertrand*, etc. Elle correspond avec tous les instituteurs de Paris et des départemens. Elle possède les chefs-d'œuvres originaux des *Alais*, des *Sauvage*, des *Paillasson*, des *Rossignols*, des *Roland*, etc., et se fait un

Q

plaisir de les communiquer aux amateurs.

*Fontaines filtrantes.*

Le dépôt de ces Fontaines, est place
du vieux Louvre, n°. 7. Quelque trouble que soit l'eau, ces fontaines en
pierre de liais, garnies dans l'intérieur d'un filtrage de pierre ponce, ne
la laissent parvenir que très-lentement
au robinet. Leur forme ronde ou carrée
les rend propres à figurer dans les appartemens, comme meubles, piédestal,
socle, etc. Elles sont d'ailleurs à l'é-
preuve de la gelée.

## FONTAINES PUBLIQUES.

Il y a soixante fontaines publiques à
Paris ; 38 donnent de l'eau de la *Seine,*
dix de l'eau de *Rongis* , cinq de l'eau
a  -Gervais , six de l'eau de *Bel-*
et une de l'eau d'*Arcueil.* Les
les sont : la fontaine d'Alexan-

dre , rue Victor ; la fontaine d'Amour, butte Roch ; celle des Audriettes , rue des Vieilles-Audriettes ; celles de Birague, rue Antoine ; celle de la Charité, rue Taranne ; celle de la Croix du Trahoir , au coin des rues Honoré et de l'Arbre-Sec ; celle des Cordeliers ; celle du Diable ; celle Garancière , rue de ce nom ; celle de la rue de Grenelle ; et la fontaine des Innocens , au milieu du marché de ce nom. Ce sont ces deux dernières surtout qui méritent l'attention des voyageurs.

---

## COUR MANDAR.

*Entre les rues Montorgueil et Montmartre.*

Cette rue nouvellement bâtie est bordée de bâtimens uniformes, à trois étages et à banquettes, sans y comprendre l'entresol au-dessus des boutiques. Chaque face a 12 croisées par étage, et

28 ouvertures de boutiques. Cette rue a
un double trottoir et est fermée la nuit
par deux grilles.

---

## CHAMP DE MARS.

Qui ne se souvient de cette fameuse
époque, où quatre-vingt quinze mille
individus de toutes les couleurs, électrisés
par le patriotisme et le refrein, *ça ira*,
terminèrent comme par enchantement
en 1790 ce talus de 10 pieds qui entoure ce champ, et creusèrent cette
arène spacieuse qui en forme un cirque
de quatre cent toises, sur cent cinquante
de largeur. L'élégante maniait la pioche,
et l'enfant délicat essayait de rouler une
brouette que poussoit le vieillard. Ah !
si la moitié de cet enthousiasme rem-
plissait aujourd'hui les cœurs français,
l'Autriche et l'Angleterre auraient bientôt demandé la paix à genoux, et le
Champ-de-Mars, destiné aux fêtes na-

tionales, verrait quatre cent mille spectateurs républicains, énivrés du profond
sentiment de leur grandeur, de leur liberté et de leur bonheur, abjurer toute
haine, bénir leurs magistrats et leurs
lois, et ne faire qu'une seule famille,
au milieu de ce champ décoré de toutes
les productions des arts républicains.

---

## ÉCOLES DE CHIRURGIE.

CE majestueux édifice, achevé sous le
dernier roi de France, présente un péristile à quatre rangs de colonnes ioniques, supportant un attique qui contient
la bibliothèque et le cabinet d'anatomie.
Au-dessus du péristile est un bas-relief
de 31 pieds de long, où l'on voit le génie de la France, accompagné de Mi-
nerve et de la Générosité, offrant le plan
de l'école à la Chirurgie, accompagnée
de la Vigilance et de la Prudence. Cinq
médaillons offrent les portraits des cé-

lèbres *Petit*, *Maréchal*, *Pitard*, *La-
peyronie* et *Paré*. Les peintures de l'intérieur sont de *Gibelin*. L'amphitéâtre,
commencé en 1774 peut contenir 1200
personnes.

## ÉCOLE DE DROIT.

C e bâtiment, dont la façade circulaire
et de peu d'apparence, avait pour but
cependant de décorer la place de la
nouvelle église de Sainte-Geneviève,
sert aujourd'hui à une filature de coton.

## ÉCOLE DE MÉDECINE,

### *Rue de la Bucherie.*

L'établissement de cette école remonte à l'année 1472. L'amphitéâtre,
que l'on voit encore aujourd'hui, est
une rotonde délabrée, soutenue par huit
colonnes d'ordre dorique, et terminée
en coupole.

# INSTITUT NATIONAL

## DES SOURDS ET MUETS,

*Au haut du faubourg Jacques.*

LE nom de l'immortel abbé *de l'Epée*
se présente tout naturellement à l'ame
et à la mémoire, en citant cet Institut,
et la douce reconnaissance épanouit
l'ame du philantrope. L'abbé *de l'Épée*
a fait entendre à des sourds et muëts de
naissance, les règles de l'arithmétique.
et de la grammaire, et les idées méta-
physiques les plus abstraites, qui sont
de suite rendues sur le papier, de la
manière la plus précise.

Dès le XVI<sup>e</sup>. siècle, un bénédictin
espagnol, nommé *Ponce*, instruisit,
par charité, un de ses confrères sourd
et muët, qui n'avait pu entrer en
religion qu'en qualité de frère convers.
Mais ses succès et ses procédés, que

l'on croit être le mouvement des doigts, sont bien inférieurs à la méthode générale et facile inventée par l'abbé *de l'Epée*, pratiquée depuis par le citoyen *Sicard* et ses collaborateurs. Les leçons données aux sourds et muets, dans cet Institut qui fait honneur à la France, sont publiques, depuis dix heures jusqu'à deux, tous les jours.

---

## SOCIÉTÉ PHILOTECHNIQUE.

CETTE société, qui tient ses séances au Palais national des Sciences et des Arts, se compose des membres des diverses autres sociétés établies au même local; quel avantage ne retireront pas les arts, de cette réunion de savans désintéressés qui concourent à la gloire de leur patrie, pour le seul plaisir de fraterniser et d'être utiles à leur pays.

## SOCIÉTÉ DES INVENTIONS,

### ARTS ET MÉTIERS.

IL est à desirer que les artistes de cette société se réunissent au Lycée des Arts, auquel ils appartiennent, et où ils seront plus actifs.

## ÉCOLE DE PHARMACIE.

LES pharmaciens de Paris, composant ce collége, établirent rue de l'Arbalêtre, des cours publics et gratuits de chymie, de pharmacie, de botanique et d'histoire naturelle, terminés chaque année par une distribution de prix d'émulation aux élèves. Cet utile établissement fut maintenu par une loi du 17 avril 1791, et par une autre du 14 frimaire an 3, portant création d'*Ecoles Centrales de santé*. Les pharmaciens de Paris, jaloux d'arriver à la perfection de leur art , se réunirent le 30 ventôse an 4, en *société libre*. Le Directoire exécutif , sur le rapport du ministre de l'Intérieur , a, par son arrêté du 3 Prairial an 6 , confirmé cet établissement, sous le titre d'*Ecole gratuite de pharmacie*. Elle admet dans son sein des associés libres et correspondans , tant républicoles qu'étrangers. Elle a un jardin botanique , qui est ouvert tous les jours , excepté les décadis.

## PHARMACIENS.

L'ATTENTION publique et la réputation se sont attachées principalement sur deux personnages , parce que leurs utiles découvertes en chymie et leurs consultations gratuites commandent nécessairement la confiance publique et la reconnaissance universelle qui tirera leurs noms de l'oubli. Ce sont les citoyens *Cadet* et *Quinquet*, et leur renommée écarte suffisamment de moi

tout soupçon de partialité. On me par-
donnera donc , en parlant du dernier ,
les observations suivantes, qui me sont
personnelles.

On m'accusa dernièrement d'avoir
jeté du ridicule sur lui et sur ses découvertes ; cette accusation fut accompagnée d'un refus de me servir dans une
circonstance dont mon existence dépen-
doit. Le collègue, d'ailleurs estimable, qui
m'accusait , ignorait que non-seulement
mes intentions étaient pures ( je vais
dire comment ), mais encore amicales.
J'ai tout au plus eu le malheur de me
tromper dans la forme ; car l'esprit d'un
auteur peut s'égarer, quand la misère et
la faim le réduisant à griffonner des
pages pour vivre de sa plume, l'im-
patience de cette plume et la soif du papier ne permettent pas à son cœur
et à sa tête de rectifier des idées et de
les peser. Il y a dix ans que des ser-
vices réciproques et plus grands encore
de son côté, m'ont étroitement lié

avec le citoyen Quinquet. Ce furent
ses talens qui me firent faire les avances
en 1788. Rien depuis n'a jamais troublé
notre union intime, et l'amitié com-
mandée par les talens, est éternelle
comme eux. Comme il est de fait que la
censure la plus amère d'un ouvrage
a été lucrative à l'auteur, parce qu'elle
excitoit la curiosité, j'ai pensé ( peut-
être à tort ) que dans une brochure où
tout est plaisanterie, et où rien ne doit-
être pris à la lettre, je pouvais donner un nom *presque réel* à un personnage et à des découvertes de pure
fiction, et cela pour tenir lieu d'affiches
à un homme chez qui, à tort ou à travers, je voulais conduire les acheteurs.
Je n'ai jamais eu, moi, l'envie de tra-
duire devant les tribunaux le journaliste qui a attaqué ma moralité de la
manière la plus odieuse, le silence m'a
vengé, et le serpent m'a plus servi
qu'il ne m'a nui. Celui qui vient de cen-
surer le poëme *de la Guerre des Dieux*,

en accroîtra plutôt le débit qu'il ne l'em-
pêchera. Quant à moi, je déclare qu'une
lecture rapide a pu faire mal juger de
moi ; que l'on s'est trompé sur les com-
paraisons ; qu'un penchant à l'amour
n'est pas un crime ; mais que c'en serait
un d'abreuver de terreur un homme
simple , timide et malheureux , lorsqu'il demande du pain pour ses enfans. Je reviens à la pharmarcie.

On doit au citoyen *Quinquet* ces
lampes qui décorent d'une manière si
salubre et si brillante nos spectacles et
nos sallons ; le transfèrement des ci-
metières et des fours à chaux hors de
Paris ; diverses expériences sur le fluide
électrique , le magnétisme , la foudre ,
la grêle et l'aérostation ; la découverte
de la crême de tartre dissoluble , etc.
et enfin les indigens lui doivent le moyen
d'adapter ses lampes pour la cuisson des
alimens , dans la cherté du bois. Voyez
à ce sujet la lettre que j'ai insérée dans le
numéro 47 , 20 thermidor , 3e. année ,

R

4ᵉ. trimestre de la *Décade philosophique et littéraire*. Je me devais à moi-même cette déclaration ; les hommes me tiennent sur le seuil du tombeau , mais ils ne me prouveront pas que je sois méchant, et ne m'aviliront pas à mes propres yeux. ( *Article communiqué* ).

## ÉCOLE MILITAIRE.

CET édifice , bâti en 1751 sur les dessins de *Gabriel* , est terminé par un entablement corinthien. L'avant-corps est formé de dix grandes colonnes de toute sa hauteur. Au - dessus est un dôme avec un cadran et les figures du Tems et de l'Astronomie. On y entre par trois portes. La cour est environnée de galeries formées par des colonnes accouplées. Au bas du grand escalier sont quatre figures en pied. La salle du conseil a quatre tableaux , représentant les batailles de *Fontenoi* , *Laufelt* ; les siéges de *Tournay* et de *Fribourg* , et trois dessus de portes, où sont peints les siéges de *Menin*, d'*Ypres* et de *Furnes*.

La façade s'annonce par une longue grille, avec deux bâtimens isolés au milieu. Les faces avancées offrent deux frontons peints à fresque par *Gibelin*, imitant le relief jusqu'à l'illusion. Une machine hydraulique y donne par heure, dans un grand réservoir, plus de quarante muids d'eau, qui est distribuée partout dans cette maison.

---

# COLLÈGES

*Qui existaient avant la révolution.*

Collége *Mazarin.*, ou des Quatre-nations. *Voyez* bibliothèque des Quatre nations, page 11.

Collège de *Cluny.*

— de Louis-le-Grand, ci-devant de Clermont, fondé par *Guillaume Du-prat*, évêque de Clermont, et nommé aujourd'hui le *Prytanée français*, dont

le citoyen *Luce de Lancival* est directeur. Le citoyen *Daunou* administra-
teur. Le citoyen *Gail* y professe la littérature grecque.

— *des Bernardins*.

— DE FRANCE, rebâti en 1774, et
fondé par François premier. Pierre
Ramus y enseigna la philosophie et l'é-
loquence.

— du *Plessis*, rue Jacques.

— d'*Harcourt*, rue de la Harpe.

— de *Lisieux*, rue Jean-de-Beau-
vais.

— des *Grassins*, rue des Amandiers.

— de *la Marche*, rue Montagne Geneviève, aujourd'hui *Institut national
des Créoles*, dirigé par le cit. *Coësnon*.

— de *Navarre*. même rue.

— de *Montaigu*, rue des Sept-Voies,
quartier du Panthéon.

— du *Cardinal Lemoine*, rue Victor.

Ces colléges ont été remplacés par
trois écoles centrales, citées dans cet
ouvrage.

Il y a outre cela des pensions par

ticulières. Nous citerons entr'autres celle du citoyen Bertrand, rue Dominique, au coin de celle de Bellechasse.

Gillon, passage de Lesdiguières, à l'Arsenal.

Pinel, Chaussée d'Antin, rue Nicolas, n°. 929.

Rabilly, à Sèvres, près Paris.

Bret, rue des Batailles, n°. 8, à Chaillot.

Moulin, à Belleville, près le Parc Fargeau.

---

# CABINET

## DE L'ÉCOLE DES MINES,

### *Et Hôtel des Monnoies.*

Ce cabinet est ouvert au public, depuis 10 heures jusqu'à deux, excepté les décadi. Il est situé dans la principale pièce de l'avant-corps de l'hôtel des Monnoies, du côté du quai. Il fut formé en 1778 avec la collection que le fameux chimiste *Sage* fut 18 ans à re-cueillir. Le milieu de ce cabinet est occupé par un amphithéâtre pouvant contenir 200 personnes. Des armoires vitrées renferment dans le plus bel ordre les minéraux de presque toute la terre. Quatre autres armoires isolées, placées dans les entrecolonnemens, offrent des modèles de machines. Un des cabinets renferme les analyses des objets déposés dans celui de la minéralogie. Sur le premier palier de l'escalier qui conduit à la galerie, est le buste du citoyen *Sage*, qui a été consacré par la recon-naissance de ses élèves. Cette galerie est environnée d'armoires qui renferment les échantillons des mines, trop nom-breux pour être déposés à la suite de ceux qui sont dans le premier cabinet des mines. La coupole qui s'élève au-dessus est enrichie de caissons peints et rehaussés d'or, avec une large bordure et une corniche sur le plafond. L'intérieur de ce cabinet est de 45 pieds de longueur, sur 38 de largeur et 40 d'élévation.

---

## DÉPOT DE NESLE,

*Hôtel de ce nom, en face du Pont National.*

CE dépôt qui, dit-on, n'est pas encore public, est placé dans l'hôtel dont il a pris le nom. Sa principale richesse consiste en meubles précieux et en tableaux. Une salle particulière dite *des Chinois*, contient des ustensiles et meubles chinois, des figures chinoises de grandeur naturelle, joignant au mérite du costume, celui d'être modelées en entier, avec assez de vérité pour être vues à nud. La *Diane* en bronze qui faisait partie de l'horloge du château *d'Anet*, est dans la cour d'entrée. Les naturalistes verront avec plaisir les singes renfermés dans l'embrasure

de la grande croisée de la salle des
tableaux qui donne sur le quai. Ils y
ont produit des petits, quoique l'exposition soit au nord, et que plusieurs
fois on ait vainement essayé d'en obtenir
ailleurs. (*Voyez Le Voyageur à Paris*,
tome I, page 94.)

---

# GARDE - MEUBLE,

## *Au coin de la rue et place de la Révolution.*

N E pouvant décrire cette intéressante collection, telle qu'elle est aujour-
d'hui, et obligés de copier les autres,
nous pensons qu'il vaut mieux renvoyer
les lecteurs à l'ouvrage intitulé : *Le
Voyageur à Paris*, tome II, page 67,
édition en 3 volumes *in-*18, où cette
description est plus étendue que dans
l'ouvrage du même titre, en 2 volumes
*in-*12. C'est dans ces deux ouvrages qui
en ont copié d'autres, que nous avons

pris, ce qu'on lit dans le nôtre, en nous servant pour le reste de ce que nous offraient les journaux. Nous ne pouvons d'ailleurs nous dissimuler qu'il y aurait au moins de l'indiscrétion à incorporer au papier, les réflexions que nous suggérerait la galerie des magnifiques hochets, qu'avait couverts d'or et de pierres-précieuses, le luxe orgueilleux des souverains de plusieurs nations, aux dépens de la substance des peuples. Beaucoup de ces hochets furent livrés aux flammes, à une époque de la révolution ; plusieurs furent volés à une autre ; mais il en reste encore assez pour satisfaire la curiosité de l'étranger, tels que les *batailles de Scipion*, les tentures, les chasses d'*Oudry*. L'histoire de Dom Quichotte, etc., etc.

# MAISON COMMUNE,

### *Place de Grêve.*

Nous renvoyons nos lecteurs, pour la description de cet édifice, au savant article qu'en a donné l'auteur du *Voyageur d Paris*, édition de l'an V, tome 2, page 12. C'est le siége de 17ᵉ. division militaire pour le jugement des emigrés, chauffeurs, etc C'est sur cette place que le crime finit.

On monte à la cour par des dégrés ovales. La cour qui est petite, est décorée d'arcades. Les appartemens sont d'une belle étendue. L'horloge est un des meilleurs ouvrages de *Lepautre*. C'est en 1533 que cette maison fut construite, sur les dessins d'un architecte Italien, nommé *Boccardora* dit *Cortonne*.

# CHATEAU D'EAU,

*Place et en face du Palais-Egalité.*

Ce bâtiment fut élevé sous le Régent, sur les dessins de *Robert de Cotte*, pour contenir les réservoirs des eaux de la Seine et d'Arcueil, destinées à l'entretien des bassins des Thuileries et du *Palais-Egalité.* Quatre colonnes toscanes forment la façade, qui a vingt toises, et supportent un fronton orné d'un fleuve et d'une nayade, ( *la Seine et la fontaine d'Arcueil* ), sculptées par *Coustou le jeune.* Son voisinage permet de rétablir un bassin sur l'emplacement du Lycée incendié.

# PALAIS DE JUSTICE.

Ce palais commencé par Eudes au IX<sup>e</sup>. siècle, augmenté par Robert, par Louis IX, et Philippe-le-Bel, habité par Charles VI en 1383, par Charles VIII et François I$^{er}$., incendié et reconstruit en 1618, puis en 1766 et réparé en 1787, offre, sur une place demi-circulaire, une grille de vingt-toises de long, au travers de laquelle paraît une vaste cour formée par deux ailes de bâtimens neufs, et par une façade majestueuse qui donne l'entrée à l'intérieur du Palais. Cette grille, ornée de guirlandes et autres orne-mens dorés, a trois grandes portes, et à chaque bout, un pavillon décoré de quatre colonnes doriques. Du côté du pont *Saint-Michel* est un prolon-gement orné d'un superbe bas-relief, appelé le *Serment Civique*. Au-dessus du perron, est un avant-corps, avec quatre colonnes doriques, une balus-trade au-dessus de l'entablement, quatre statues à l'aplomb des colonnes, et un dôme carré, derrière.

Le perron conduit à la galerie *Mer-cière*, ayant d'un côté la ci-devant Sainte-Chapelle, et de l'autre, la salle ci-devant

des

des Procureurs. Cette salle. unique en France pour son étendue, offre des boutiques de comestibles et de livres. Le plafond de la *grande chambre* est fait en placages de bois de chêne, terminé en cul de lampe.

Au-dessous, vers la rivière, sont les prisons *de la Conciergerie* et le Préau, si redoutées en l'an II, et dont les vertus les plus grandes, le plus haut savoir, et le patriotisme le plus pur, n'ont pu garantir les *Lavoisier*, les *Roucher*, *Malsherbes*, *Camille*, *Brissot* et tant d'autres!.. Ah! étouffons ces souvenirs.

---

## LA FORCE.

Si l'on pouvait dire d'une prison et de sa porte, qu'elles sont belles, nous le dirions de la Force; permis d'y aller par curiosité, mais point de séjour. Cette prison est divisée en six départemens, qui ont chacun sa cour, une

galerie couverte, des fontaines qui fournissent de l'eau, une infirmerie, et
un chauffoir communs, et des réverbères allumés toute la nuit. Le ceintre
massif de la porte d'entrée est un
morceau d'architecture moderne, le
seul de ce genre dans Paris. Elle est
située rue des Droits de l'Homme,
quartier Antoine. Mais il y a pour
les filles débauchées une autre entrée,
rue Pavée. Si l'on avait le choix de
la prison, il faudrait choisir la Force.

## LE TEMPLE.

Très-peu disposés à nous appe-
santir avec complaisance sur la description des travaux, et la distribution
de cette prison d'état, lorsqu'elle fut
habitée par le dernier roi des Français
et sa famille; nous renvoyons au livre
intitulé : *Le Voyageur à Paris*, tome
III, page 179, ceux qui aimeraient

à savoir que la tenture de la chambr
de ce monarque étoit *jaune*, quel
étaient ses heures de lever, de repas, d
promenades, de lecture, quels livre
il lisait . qu'il a lu deux cent cinquant
sept volumes en cinq mois, sept jours
ces détails et autres sont intéressan
pour l'histoire, diront plusieurs, soit
Nous ne donnons, nous, qu'une es
quisse.

## HOSPICES NATIONAUX.

IGNORANT les nouveaux noms don
nés aux ci-devant Hôtels-Dieu et autre
hôpitaux de Paris, nous en donneron
seulement la nomenclature et les si
tuations, d'après l'auteur du *Voyageu*
*à Paris*, tome I, page 150 et suivante

L'HOTEL DIEU, rue du Marché Palu
Il fut brûlé le 2 août 1737, et le 3
décembre 1772. On ne peut trop loue
le zèle des administrateurs actuels, e

la sollicitude du gouvernement républicain, pour les secours accordés aux malades.

Hospice Saint-Louis, au haut de la rue de Bondy, commencé en 1607. On y transfère les malades de l'Hôtel-Dieu, attaqués de maladies contagieuses.

Hospice du Nom de Jésus, près l'église Saint-Laurent. On le doit au philosophe français *Vincent de Paule*, dont il devrait plutôt porter le nom, que celui de Jésus.

Hospice de la Charité, pour les hommes. Etabli en 1602, par Marie de Médicis, *rue*...

— De la Roquette, faubourg Antoine, rue de ce nom.

— De la Pitié, rue fossés Victor, derrière le jardin des Plantes. Refuge des petits garçons indigens ou vicieux.

— Des Enfans Trouvés, faubourg Antoine, bâti en 1776.

— Des Enfans Trouvés, vis-à-vis

l'Hôtel-Dieu, aujourd'hui pharmacie centrale des hôpitaux de Paris. Il fut bâti en 1747.

De la Trinité, bâti en 1212. C'est là que les *confrères de la passion* représentèrent les premiers *mystères*.

— De Saint-Sulpice, rue de Sèvre. bâti par madame Necker, pour 120 malades et 8 blessés.

— Des Incurables. Cet hospice renferme plusieurs promenades, dont la plus vaste est publique tous les jours, jusqu'à 5 heures.

— La Salpétrière. Cet édifice immense qui s'annonce par une façade de 57 croisées, terminée par deux pavillons, a été bâti par Louis XIII. On y compte jusqu'à 1600 filles, occupées en linge et dentelles. On y reçoit des vieillards mariés, des folles, des femmes imbécilles.

— Beaujon, rue du faubourg du Roule.

— Autre, rue et barrière d'Enfer.

S 3

Il y a plusieurs maisons particulières
où l'on reçoit en pension les infirmes
et les foux. Une de ces dernières est
celle de la citoyenne *Simon* , rue de la
clé , en face de la caserne.

## PONTS,

Pont - Neuf, bâti en 1578. On
pourrait le nommer le pont *Jacques
Molai*. Les républicains en devineront
aisément la raison. Ce nom n'est pas
aimé des Paul Ier. et des Papes.

Pont-National , bâti sous Louis-
XIV , pour remplacer le pont de bois
que le dégel de 1684 avait emporté :
je le nommerais le *Pont Catinat*, en
mémoire de ce guerrier philosophe et
sensible , dont la bonhommie est si
célèbre ; car c'est sur ce pont qu'il
allait tous les matins jouir de la vue
délicieuse qu'offrent la Seine et les environs , causer avec l'homme de peine
et soulager l'indigence.

Pont de la Révolution , vis-à-vis la place de ce nom et le Conseil des Cinq-Cents.

Il fut achevé en 1790. L'arche du milieu a 96 pieds d'ouverture.

Pont-au-Change , jadis le *Grand Pont ,* et le *Pont-aux-Oiseaux* ; incendié en 1621 et en 1639, il fut reconstruit en pierre, en 1647, réparé en 1738, et débarrassé des maisons qu'il portait.

Pont-Michel , bâti en pierre sous Charles VI, et rebati en 1618. Longueur 38 toises, largeur 10.

Pont Notre-Dame, dit au XIVe. siècle, Pont de la Planche Mibray, rebâti sur les plans du cordelier *Joconde ,* sous Louis XII en 1499. Les 61 maisons en brique qu'il portait, furent abattues en 1786.

Petit-Pont, que je nommerais , *Pont de l'Humanité ,* il fut entraîné huit fois par les eaux, et incendié en quatre heures avec toutes les maisons qu'il

portait en , 1718 , par deux bateaux
de foin enflammés, qui s'arrêtèrent sous
ses arches ; il fut reconstruit sans
maisons en 1719.

PONT-MARIE, ainsi nommé du nom
de l'entrepreneur des ponts et chaussées,
qui le bâti sous Henri IV ; en partie
démoli en 1658 , il fut réparé sans
maisons, et tout-à-fait débarrassé d'elles
en 1789.

PONT DE LA TOURNELLE, dans l'a-
lignement du précédent, ainsi nommé
du château qui touche à la porte Bernard. Je le nommerais *Pont de l'A-
bondance.*

PONT ROUGE. Il a été détruit en 1791.
Par lui l'Ile-Louis communiquait avec
la Cité, mais il exigeait trop de ré-
parations.

Il nous manque un pont *des Victoires*, que je placerais vis-à-vis le
Champ-de Mars.

Et le pont *de l'Industrie* que je
desirerais vis-à-vis le jardin national

des Plantes, ou l'hospice de *Bicêtre*.

Nota. Nous avons oublié à l'article *des hospices*, de dire que le gouvernement qui protège ardemment les arts, en doit un aux hommes de lettres, patriotes et connus aux invalides d'Apollon....

---

# BUREAUX.

Bureau des poids et mesures, rue Dominique, faubourg-Germain, n°. 229. Vérificateur général, le citoyen *Dillon*.

Bureau d'agence et de correspondance, pour les militaires de terre et de mer, rue Grenelle, faubourg-Germain, n° 375.

Caisse des comptes courans, établie le 11 messidor, an IV, place des Victoires.

Cette caisse escompte les lettres de changes et autres effets de commerce, revêtues de trois signatures, réputées solides, sur le pied de 6 pour 100 par an. Les jours d'escompte sont les 1, 4 et 7.

Caisse d'escompte et de commerce, rue Vivienne, n°. 42.

Elle est ouverte tous les jours depuis 9 heures jusqu'à 4, excepté le 10. L'escompte a lieu les 1, 4 et 7.

Trésorerie Nationale, rue Neuve des Petits-Champs.

Liquidation de la dette publique, rue de Grammont, n°. 550; ou, place Vendôme, n°. 21. (L. V. Denormandie).

—*Idem*, de la dette des émigrés, rue Avoye. Bergerot, liquidateur.

Domaines nationaux, rue Neuve du Luxembourg, n°. 147. Tous les jours depuis 3 heures jusqu'à 5.

Bureau général des grande et petite poste de Paris, rue J. J. Rousseau.

## VOITURES PUBLIQUES.

Diligence par eau, de Paris à Rouen, Port Nicolas, en face de la grande rue. Cet établissement qui n'a pour but que le transport des marchandises, est tenu par *Leblanc*, *Boncault*, et *Chantenon aîné*. L'embarquement et le débarquement se font en face du troisième guichet du Louvre.

Coche d'eau de la haute Seine, quai Bernard, n°. 47, division des Plantes. Il part *pour Auxerre*, du premier vendémiaire au premier germinal, les 2 et 7 à 8 heures du matin : et du premier germinal au premier vendémiaire, à 9 heures.

*Pour Briare*, le 3 *idem*.

*Pour Corbeil*, les premiers et 6 à 9 heures.

*Melun*, l'hiver à 8 heures, l'été à 7, le décadi.

Pour *Montereau*, les 9 et 4 *idem.*

Pour *Nogent*, le 8 *idem.*

Pour *Sens*, les 5 *idem.* L'administration est située quai des Théatins,
n°. 5 ; et quai, Bernard au bureau des
coches.

Compagnie Rouvro, Langlois, etc.
Diligences d'eau, quai et port Paul.

Galiotte de 70 à 80 places, pour
Montereau, et de Montereau à Paris ;
elle mène à Corbeil, Melun, Valvin
et Fontainebleau.

A Montereau, on reprend la diligence de terre pour Auxerre et pour
Troyes, où l'on arrive le lendemain
matin.

Elle part l'hiver à 7 heures et demie
du matin, l'été à 6 et demie.

De Montereau en tout tems, à 3
heures du matin.

Prix des places, avec 15 livres pesant d'effets.

De Paris à Montereau,

   salle commune........ 3 f. 50 c.

Cabinet

cabinet................ 4 f.

— A Melun, salle com-

mune.................. 2 f. 15 c.

Cabinet ............... 2 f. 50 c.

— A Auxerre.......... 17 f.

— A Troyes........... 16 f.

-----

Transport de Dépêches, par malles, rue des Vieux-Augustins, n°. 26.

Route de Gand, Amiens, Arras, Donai, Lille et Courtray; tous les jours.

De Bruxelles, St.-Quentin, Valenciennes et Mons, *idem.*

De Strasbourg, Châlons-sur-Marne, Bar-sur-Ornain et Nancy; les jours pairs.

Ste. Ménéhould, Verdun et Metz, les jours impairs.

Lyon, Auxerre, Autun et Mâcon, *idem.*

—Par Nevers, Moulins et Roanne, jours pairs.

Toulouse, Orléans, Limoges, Uzer-

T

ches , Cahors et Montauban , jours impairs.

Bordeaux , Orléans , Tours , Poitiers et Angoulême ; jours pairs.

---

Service en Postes , rue Antoine , n°. 324 , près celle de Jouy.

Auxerrre , Sens , Joigny , tous les jours à 6 heures du matin.

Melun , Lagny , Brie-la-ville , à 7 heures du matin et 3 heures du soir.

Montereau , *idem* , le matin.

Bourbonne-les-bains , les 1 et 5.

Bar-sur-Aube , Chaumont , Langres ; tous les jours impairs , à 6 heures du soir,

---

Pour Arpajon , Chevreuse , Dourdan , Etampes , Pithiviers , *rue d'Enfer* , N°. 776.

Pour Compiègne, Senlis , Chantilly , Chateau-Thierry , Gisors , Gournay ,

Beaumont-sur-Oise, Creil, Meaux, Pontoise, la Ferté-sous-Jouarre; *rue du Faubourg Denis*, n°. 22.

Corbeil, Essonne, Nemours, Sens, Montargis, Lyon, Nevers, Roanne, Fontainebleau, *rue Victor*, n°. 115, section des Plantes

Pour Arpajon, Etampes, *rue Dominique d'Enfer*, n°. 740.

Nantes, par Angers, Orléans, Tours; *Passage Longueville*, place du Carrousel.

Pour Niort, Poitiers, Saintes et route, *rue Gaillon*, n°. 844.

Voitures de l'Éclair; *Nicole, rue du Bouloi*, n°. 56.

Porchel et comp<sup>e</sup>. *rue de l'Echelle-Honoré*, n°. 563; Lyon, par Moulins.

Pour Rheims et Soissons, *Faubourg Martin*, n°. 206.

---

L'établissement Saint-Simon, réuni à la maison des messageries, rue des

Victoires ; pour toute l'étendue de la République.

Champion et comp<sup>e</sup>. *Faubourg De-nis*, n°. 8 , pour Viarmes et route.

George , au café du Point-du-Jour , *rue Basse-Denis* , n°. 5.

Courgeault , *rue des Nonaindieres*, n°. 18.

Darblay , *rue André - des - Arts* , n°. 74. et *quai Bernard*, pour la route de Moulins.

Lanson , *rue Neuve Martin* , n°. 42 ; route de Charleville , Soissons.

Chevalier , *rue Montmartre* , n°. 38. cour de la Jussienne.

Riguet , maison Batave , *rue Denis* : pour Rouen , Brest , Alençon , Rennes, et route.

———————————

*Roulages.* Dupuis et Legrand , à la ville de Dunkerque, *rue Martin.* Abraham , *rue Denis* , n°. 68. Bonjour , *rue Montorgueil* , *rue des Deux-Ecus* , *rue Beaurepaire* , etc.

Chenu , *rue du Mail* , n°. 378.

*Bureaux de Papier Timbré.*

Il y en a 40 , distribués dans Paris. Directeur , le citoyen Gentil , rue neuve du Luxembourg , n° 147. ( *Voyez* les almanachs du commerce , pour l'an sept.

# PORTES.

Porte-Denis. Ce chef - d'œuvre exécuté en 1672 par *Bullet* , sur les dessins de *Blondel* , a 72 pieds , tant d'élévation que de face. Pourquoi ne pas l'appeler *Porte-Blondel* , ou porte *Bullet* ? ( *Voyez le Voyageur à Paris.* )

Porte-Martin , bâtie par les mêmes artistes deux ans après ; hauteur et largeur 54 pieds. Je l'appelerais la porte de Mars.

Porte-Bernard , démolie en 1791. Même auteur.

Porte-Antoine, rebâtie par le même, et supprimée.

Porte Honoré, détruite au commencement du siècle

Porte de la Conférence, au bout du quai des Tuileries. — démolie en 1730.

Porte Barbette. Il ne reste de cette porte qu'une tourelle, au coin de la rue des Francs - Bourgeois. C'est - là que Louis d'Orléans fut assassiné, en sortant de chez Isabeau de Bavière.

Porte Baudoyer. Elle était vis-à-vis les Jésuites de la rue Antoine. Elle conduisait au camp des *Bagaudes*, aujourd'hui Saint-Maur des Fossés.

Porte-de-Bussy, au bout de la rue André-des-Arcs, murée en 1418, rouverte en 1539, sous François premier, et abattue en 1672.

Porte de Paris. Nous ne reconnaissons son existence que par ce qu'en dit *Suger*, qui acheta près d'elle une maison qui lui coûta mille sous.

Celle de l'Apport-Paris qui aboutit

à un marché, subsiste toujours sous le nom degrand Châtelet.

Porte du Temple, au bout de la rue de ce nom, côté du boulevard. Elle a été démolie en 1684.

Porte Montmartre, rue de ce nom. Abattue en 1633.

Porte Richelieu, construite en 1640 au bout de la rue Saint-Marc, et démolie en 1701.

Porte-Germain, rue et fontaine des Cordeliers, abattue en 1672.

Porte-Jacques, entre l'estrapade et la rue Hyacinthe, remplacée par des maisons, depuis 1684.

Porte-Louis, au Pont-au-Choux, bâtie en 1674, démolie en 1760.

Porte-Michel, jadis *Gilbert* ou *Gibart*, près la porte d'Enfer, abattue en 1684. Elle conduisait à l'ancien château de Vauvert, que l'on disait habité par des diables.

## PLACES PUBLIQUES.

LA nomenclature des places publiques se trouve ci-après dans la table des rues , et chacune d'elles y est dans son arrondissement respectif. Laissons celui qui dorlote des souvenirs insensés , et des regrets coupables, feindre la pitié et rire sardoniquement, en voyant le dénuement où nos places publiques sont des monumens qui caressaient l'orgueil de leurs maîtres. Le vrai citoyen sent que les arts ont peu perdu, puisque l'on en a conservé les fragmens dans les dépôts, et que leur absence des places de la capitale, laisse au génie des arts républicains et aux sublimes conceptions qu'enfante le sentiment de la liberté, une vaste et glorieuse carrière, pour substituer à l'histoire de nos aïeux esclaves , la galerie de la génération présente libre. Pourquoi

eontempler la gloire des autres, à qui
l'imprimerie suffit, quand le français
de l'an VII peut s'enivrer de la sienne,
dans de nouveaux monumens dont il
sera le but et le programme. Le mes-
quin obélisque de bois de la place des
Victoires cédera bientôt, croyez-moi,
sa place aux trophées qu'une nation
reconnaissante doit aux vainqueurs de
l'Italie. La place Vendôme immorta-
lisera *Fleurus* et *Gemmappes*. Un
passage du Rhin, qui vaudra bien celui
de Louis XIV, peut décorer la place
ci-devant Royale. De nouvelles victoires, *notre seul ouvrage*, ouvriront de
nouvelles places, et les mains victorieu-
ses, de nos guerriers rendues par la paix
aux travaux des cités, graveront leurs
propres exploits sur le bronze, le marbre
et la pierre. Et cette paix, dont tont
l'univers a soif, ne sera-t-elle pas con-
sacrée par une Place, lorsque nous au-
rons forcé les rois à nous la demander ?
*Hoc e rat in votis. (Article communi-
qué).*

# NOUVEAUX NOMS PROJETTÉS

## Pour les rues de Paris.

Le cit. *Zalkind-Hourvitz*, ancien in-
terprête de la Bibliothèque nationale,
considérant l'impropriété des anciens
noms des rues de cette grande cité , le
peu de décence de quelques-uns , les
expressions féodales de plusieurs, et con-
vaincu d'ailleurs que beaucoup de Parisiens, même de 60 ans , ne connois-
sent pas encore leur Paris, a imaginé
d'en rendre l'étude familière et agréable
tout-à-la-fois , en donnant une nouvelle
nomenclature de toutes les rues ; son
projet , inséré dans le n°. du Journal
de Paris, du 4 pluviose an 7 , est ainsi
conçu :

Il propose de calquer sur une carte
d'Europe, la carte de Paris, de donner
aux rues et aux places principales les

noms des grands états, et d'attacher aux
rues secondaires ceux de leurs capitales.
Ainsi, à l'extrémité du faubourg Martin,
seroient les rues de la *Russie* et de *Pé-*
*tersbourg* ; les rues du faubourg du
Nord se nommeroient rues de *Suède*,
de *Stockolm*, de *Dannemarck*, de
*Copenhague.* La situation topographi-
que de tous les autres quartiers, déter-
mineroit leur nom par la même méthode.
Au nom des villes, on ajouterait des
chiffres, marquant leur longitude et
latitude, pour la commodité de la classe
peu instruite, et pour éviter toute mé-
prise, une note lisiblement écrite qui
apprendroit aux Parisiens qui l'ignore-
roient, que Pétersbourg est une ville,
le Rhin un fleuve, et le Vésuve un vol-
can.

L'Auteur ne veut pas seulement que
les enseignes soient lisiblement écrites
et bien ortographiées, il veut encore
les rendre parlantes, et y placer les noms
des hommes célèbres de chaque pays

dans la rue portant le nom de la ville
qui les a vus naître. Grace à cette ingénieuse et utile idée, un étranger logerait
à l'hôtel *Hélène*, déjeuneroit au café
*Épicure*, achèterait des étoffes au magasin *Médicis*, consulterait dans l'é-
tude *Ciceron*, dînerait à l'enseigne *Lu-
cullus*, passerait la soirée au sallon
*Aspasie*, et souperait au banquet *Marc-
Aurèle*.

Chaque personnage auroit dans son
enseigne dit l'auteur, une *posture historique*; le même grand homme, re-
tracé dans plusieurs endroits, offrirait
diverses circonstances de sa vie, sous
plusieurs numéros. Les portraits des
hommes que l'histoire a flétris, mais
*justement*, seraient marqués d'une tache
noire, afin que le peuple ne courût pas
le danger de les prendre pour des héros
ou des bienfaiteurs de l'humanité.

Si le dictionnaire historique ne suffit
pas pour toutes les enseignes de Paris,
on mettra à contribution la Mythologie,

les

les animaux d'Esope, de Phèdre et de
Lafontaine, enfin l'histoire naturelle.
« Dans trois ans, dit le journal cité, il
n'y aura pas un ignorant dans Paris, et
tout homme qui connoitra son Paris,
comme un cocher de fiacre, sera fort
passablement savant ». Ajoutons, dit
un autre journal, que pour acquérir une
connoissance exacte de la topographie
parisienne, il faudra être au préalable
géographe exact, chronologiste sûr,
biographe exercé; mais à cela près, rien
de plus facile que l'exécution du plan
de notre novateur. Vers 1787, il parut
un petit ouvrage, créant aussi une nouvelle géographie parisienne; l'auteur,
qui pourtant se bornait à appliquer aux
rues de Paris, les noms des villes fran-
aises, demandait un siècle, seulement,
pour l'exécution de son idée.

Quant à nous qui sommes occupés aussi
d'une nouvelle nomenclature, moins
vaste et plus perceptible, nous nous
contenterons d'observer que la partie du
V

projet du citoyen *Zalkind* , relative aux enseignes, pourrait être supprimée, ou au moins modifiée , comme attentatoire à la liberté , à la réputation , et aux fruits de l'industrie qui constituent une propriété sacrée. Le magasin de la *Balayeuse* , rue Denis , connu depuis long-temps sous ce nom, le troqueroit-il volontiers contre ceux de *Ninon* , de *Sémiramis* , ou de *Frédégonde* , tachetée de noir ? La *Petite Nanette* se laisserait-elle débaptiser et ruiner pour prendre les noms *hauts-sonnans* de *Sapho* et de *Christine?* La *barbe blanche* du Père éternel vaudrait-elle pour le négociant de la rue Vivienne, celui de la *Barbe bleue* , qui colore si souvent une colonne du Journal de Paris. L'enseigne du fameux grec *Sinon* , scellée de noir, conviendroit-elle à un dépôt de *rob-anti - syphilitique.* L'Italien a beau-dire : *Al buon vino non bisogna frasca.* Toujours la fortune du négociant s'accroît en raison de l'antiquité

de la plus sotte enseigne. L'esprit y per-
dra, mais le commerce est tout. Eh,
morbleu, messieurs les novateurs, lais-
sez-nous nos enseignes; passe encore
pour les rues, surtout pour les ponts et
les édifices publics : surtout point de
tache noire; je crains les quiproquos du
parrain ou du peintre; et d'ailleurs
M****. et F******. noirs comme encre
aujourd'hui, ne peuvent-ils pas être
dans un mois blancs comme neige. Au
nom de Dieu, suivons le conseil de Mon-
taigne; point de nouvelleté.

Au reste, nous plaçons ici l'ancienne
nomenclature, les baptiseurs pourront
travailler sur les marges du livre. Bon
courage.

# RUES DE PARIS,

## *Divisées en 12 Municipalités.*

### PREMIÈRE MUNICIPALITÉ.

CETTE Municipalité est composée des divisions des Tuileries, des Champs-Elysées, du Roule et de la Place Vendôme.

Le chef-lieu, où sont établis les bureaux et où se tiennent les audiences de police municipale, est maison Latour, place Beauveau, n°. 62, div. du Roule.

### *Rues.*

Aguesseau (d').
Angoulême. (d').
Anjou (d').
Arcade (de l').
Astorgues (d').
Basse du Rempart.
Batailles (des).
Beaujolois (de).
Bienfaisance, (dite de la).

Boudreau.
Boulevard de la Madeleine.
Brunette.
Carouzel (du).
Caumartin (de).
Chaillot, (grande rue de).
Champs – Elisées (des).

Chartres (de).
Clichy (de), *moitié.*
Convention (de la), ci-dev. Dauphin.
Courcelles (de).
Cour du Manège.
Cul-de-sac d'Argenteuil.
Duras (de).
Echelle (de l').
Egoût (de l').
Errancis (d').
Faubourg Honoré (du).
-- du Roule.
Ferme des Mathurins (de la).
Florentin.
Froidmanteau *moitié,*
Grésillons (des).
Honoré *moitié.*
Lazare.
Lévis (de).
Long-champs (de).
Louis.
Madelaine (de la).

Marché (du).
Marigny.
Matignon.
Milet.
Miroménil (de).
Mont-Blanc (du), ci-dev. Chaussée d'Antin, *moitié.*
Montpensier (de).
Mousseaux (de).
Neuve de Berri.
— des Capucins.
— des Capucines.
— Charles.
— du Colisée.
— Croix.
— du Luxembourg.
— des Mathurins.
— de Poitiers.
— de Ponthieu.
Nicaise.
Nouvelle.
Oratoire (de l').
Orties (des).
Palais du Conseil des anciens
Pépinière (de la).
Piques (des), ci-

dev. Louis - le-Grand , *moitié*.
Place du Carousel.
— du Palais Egalité, ci - devant Royal , *moitié*.
— de la Révolution, ci d. Louis XV.
— Vendôme, *moit.*
Pologne (de la).
Pont (du).
Projettée.
Quai des Bons-hommes.
— de la Conférence.
— des galeries du Louvre.
— des Thuileries.
Quinze - Vingts, (des).
Révolution (de la), ci-dev. Royale.
Rocher (du).
Roquepine.
Rohan (de).
Ruelle Montante.
Saussayes (des).
Surêne (de).
Thiroux.
Thomas – du–Louvre.
Valois (de).
Verte (grande rue).
Verte (petite rue).
Ville l'Evêque (de la ).

---

## DEUXIÈME MUNICIPALITÉ.

Cette Municipalité est composée des divisions de la Butte-des-Moulins , Lepelletier, du Mont-Blanc et du Faubourg Montmartre.

Le chef-lieu, où sont établis les bureaux , et où se tiennent les audiences de police municipale, est rue d'Antin, n°. 926, div. Lepelletier.

## Rues.

Amboise (d').
Antin (d')
Argenteuil (d')
Bellefond.
Bergère.
Bibliothèque.
Blanche.
Bleue, ci-d. d'Enfer.
Boucheries-Honoré (des).
Boulevard de la Chaussée d'Antin.
—— Montmartre.
——— Poissonnière, *moitié.*
Bons Enfans, *moitié.*
Buffault.
Cadet.
Cérutti (ci-devant d'Artois).
Chabannais (de).

Choiseuil (de).
Clichy (de), *moitié.*
Clos-Georgeot.
Colbert (de).
Colonnes (des) Fay deau.
Coquenard.
Cour des fontaines.
Cul-de-sac de la Corderie.
— Taitbout.
Desert (du).
Evêque (l').
Favart.
Faydeau.
Fauxbourg Montmartre (du).
Filles — Thomas (des) *moitié.* —
Gallion.
Georges.
Grammont (de).

Grange-Batelière.
Grétry (de).
Guillaume.
Hazard (du).
Helvétius, ci-dev.
　St. Anne, *moit.*
Honoré, *moitié.*
Houssaye (du).
Langlade (de).
Lazare.
Loi (de la) ci-de-
　vant Richelieu.
Louvois (de).
Marc.
Marivaux.
Martyrs (des).
Ménars.
Michodière (de la)
Moineaux (des).
Mont - Blanc (du)
　ci-dev. Chaussée
　d'Antin, *moitié.*
Montholon.
Montmartre. *moi-
　tié.*
Moulins (des).
Mulets (des).
Neuve.

Neuve-Augustin.
-- de la Fontaine.
-- Marc.
-- des Petits-
　Champs.
-- Roch.
Orties (des).
Palais-Égalité) ci-
　vant Royal.
Papillon
Passage Beaujolois.
-- Faydeau.
-- Montansier.
-- Valois.
Pelletier (le)
Pinon.
Piques (des), ci-d.
　Louis-le-Grand.
Place Vendôme,
　*moitié.*
Préteret.
Projettée.
Provence (de).
Rempart (du).
Révolution (de la)
　ci-dev. Royale.
Ribauté.
Richer.

Rocl
Rocl
la)
Sour
Tait
Thér
Tour
(de
Tour
(de

T R O

Cet
divisio
et du
Le c
reaux
de poli
Petits-I

Basse-P
Bouleva
*moiti*
--- Poi
*moiti*

Rochechouart.

Rochefoucault ( de la).

Sourdière (de la)

Taitbout.

Thérèse.

Tour d'Auvergne (de la)

Tour des Dames (de la).

Traversière.

Trois-Frères (des )

Victoire (de la) ci-devant Chante-reine.

Villedot.

Vivienne. *moitié.*

---

TROISIÈME MUNICIPALITÉ.

Cette Municipalité est composée des divisions Poissonnière , Brutus, du Mail et du Contrat-Social.

Le chef-lieu, où sont établis les bureaux et où se tiennent les audiences de police municipale , est aux ci-devant Petits-Pères , division du Mail.

### Rues.

Basse-Porte-Denis.

Boulevard Denis. *moitié.*

--- Poissonnière , *moitié.*

Bout - du - Monde (du)

Calonne.

Cléry (de).

Coq-héron.

Coquillière.(*moit.*)
Cour Mandar.
Croissant (du).
Croix-des-Petits-
    Champs. *moitié.*
Cul-de-sac des Ba-
    billards.
-- de la Bouteille.
-- Claude.
-- des Filles-Dieu.
-- Laurent.
-- Pierre.
Deux Ecus (des).
Echiquier (de l').
Enguien(ci-devant
    d').
Faubourg   Denis.
    *moitié.*
-- Lazare, *moitié.*
-- Poissounière ,
    *moitié.*
Feuillade ( de la ),
    *moitié.*
Fiacre.
Filles – Thomas,
    *moitié.*
Fosssés-Montmar-
    tre (des)

Four(du),*moitié.*
Gros-Chenet (du)
Helvétius , ci-dev.
    Anne, *moitié.*
Honoré, *moitié.*
Jocquelet.
J. J. Rousseau, ci-
    dev. Plâtrière.
Jeûneurs (des)
Joseph.
Jussienne (de la)
Mail. (du)
Martel.
Michodière (de la).
Montmartre, (*moi-
    tié.*
Montorgueil. *moi-
    tié.*
Neuve-Eustache.
Notre-Dame-des-
    Victoires. *moit.*
Pagevin.
Passage de la Jus-
    sienne.
-- du Saumon.
Paradis (de)
Petits-Pères (des).
Petit-Reposoir(du)

Petites - Ecuries ,
  (des).
Pierre (petite rue).
Place des Victoires.
Poissonnière.(*moi-*
  *tié*).
Prouvaires (des).
Sentier (du).
Soli.
Ticquetonne.
Tonnellerie (de la),
  (*moitié*).
Traînée,
Verderet.
Vide-Gousset.
Vieux – Augustins
  (des).
Vivienne , *moitié*.

---

## QUATRIÈME MUNICIPALITÉ.

Cette Municipalité est composée des divisions de la Halle-au-Bled, Gardes Françaises, Muséum, et des Marchés.

Le chef-lieu, où sont établis les bureaux et où se tiennent les audiences de police municipale, est rue Coquillière, n°. 99.

### Rues.

Aiguillerie (de l').
Angivilliers (d').
Arbre-Sec (de l').
Arche – Marion,
  (de l').
Arche-Pepin.
Babille.
Bailleul.
Baillet.
Baillif.

Beauvais (de).
Bertin-Poirée.
Béthisy.
Bons-Enfans.(des).
   *moitié.*.
Boucher.
Bouloi (du)
Bourdonnois (des).
Carreau de la Halle
Champ - Fleury,
   (du).
Chantre (du).
Chanvrerie (de la ).
Chevalier du Guet,
   ( du ),
Cloître Germain-
   l'Auxerrois.
.Coq-Honoré (du).
Coquillière,*moitié.*
Cordonnerie(de la).
Cossonnerie(de la).
Cour du Louvre.
Courtalon.
Croix-des-Petits-
   Champs.
Cul-de-sac de la
   petite Bastille.
— du Chevalier-
   du-Guet.

— Courbaton.
—des Provençaux.
— Rollin - paye-
   gage.
— Sourdis.
— de la Treille.
— des Trois Visa-
   ges.
-- de la Fosse aux
   Chiens.
Déchargeurs (des).
Demi-Saint(du).
Denis , *moitié.*
Deux-Boules (des).
Échaudé (de l')
Étienne.
Féronnerie (de la).
Fers (aux).
Feuillade, *moitié.*
Fossés - Germain-
   l'Auxerrois(des).
Four (du)Honoré.
   *moitié.*
Foureurs (des).
Friperie (de la pe-
   tite).
Froidmanteau.
   *moitié.*
      Grenelle.

Grenel
Halle a
Honoré
Jean-D
Jean-L
Jean-T
Jouaille
   *moiti*
Lard (au
Lavandi
Limace (
Mauvais
   (des).
Mercière.
Monceau
Mondéto
Monnaie
Neuve d
   Enfans.
Oblin.
Oratoire (
Orfèvres (
Orléans (d
Palais nati
   Sciences
   Arts(vie
   vre).
Passage Ho

Grenelle (de)
Halle aux bleds.
Honoré. ( *partie* ).
Jean-Denis.
Jean-Lantier.
Jean-Tison.
Jouaillerie (de la).
  *moitié.*
Lard (au).
Lavandières (des).
Limace (de la).
Mauvaises paroles
  (des).
Mercière.
Monceau (du).
Mondétour. (*part*).
Monnaie (de la).
Neuve des Bons-
  Enfans.(*moit.*)
Oblin.
Oratoire (de l').
Orfèvres (des).
Orléans (d').
Palais national des
  Sciences et des
  Arts(vieux Lou-
  vre).
Passage Honoré.

Petit, (du) ci-dev.
  Bourbon.
Petits-Champs(des)
  *une petite par-*
  *tie.*
Petits piliers, *moi-*
  *tié.*
Perrin-Gasselin.
Pierre-à-poisson.
Pirouette , *moi-*
  *tié.*
Place de l'Ecole.
-- de la Liberté ,
  ci-dev. du Lou-
  vre.
— du Palais-Ega-
  lité,*moitié.*
-- des Trois - Ma-
  ries.
Plat d'étain (du).
Poterie (de la).
Poulies (des).
Prêcheurs. (des).
Prêtres - Germain-
  l'Auxerrois(des)
Quai de l'Ecole.
-- de la Mégisse-
  rie.

X

Quenouille (de la).
Roule (du).
Sartine.
Sonnerie (de la).
Tabletterie (de la).
Tirechappe.
Thibautodé.
Tonnellerie(de la).
   *moitié.*
Trop-va-qui-dure.

Truanderie (de la
   petite) *moitié.*
Vannes (de).
Varennes (de)
Vieilles – Etuves.
   (des).
Viarmes (de),
Vrillière.
Vrillière (petite).

---

## CINQUIÈME MUNICIPALITÉ.

Cette Municipalité est composée des divisions de Bon-Conseil, Bonne-Nouvelle, Faubourg du Nord et Bondy.

Le chef-lieu est au ci-devant Presbytère - Laurent, faubourg Martin, n°. 160.

### Rues.

Ange.
Barbe.
Beauregard.
Beaurepaire.
Bonconseil.
Bondi (de).

Bonne-Nouvelle.
Boulevard Denis,
   *moitié.*
Boulevard Martin,
   *moitié.*
Buisson Louis (du).

Carême - Prenant (du).
Château - Landon (du).
Chopinette (de la).
Claude.
Cléry (de), *partie.*
Cul-de-sac Catherine.
— de l'Empereur.
— de l'Egout.
— de la Grosse-tête.
— Jacques - l'Hôpital.
Cygne (du).
Denis, (*moitié*).
Etienne.
Faubourg Denis.
— Laurent.
— Lazare, *moitié.*
— Martin, *moitié.*
— du Temple, *moitié.*
Filles-Dieu (des).
Foix.
Française.
Gancourt.

Grange-aux-Belles.
Hôpital Louis (de l').
Lancry (de).
Laurent.
Lune (de la).
Marais du Temple, (des).
Maur.
Mondétour, (*partie*).
Montorgueil, *moitié.*
Morts (des).
Neuve-Jean.
— Nicolas.
— d'Orléans.
N. D. de Recouvrance.
Passage de la Grosse tête.
Pavée.
Petit Lion.
Petits Piliers (des), *moitié.*
Philippe.
Pirouette, *moitié.*
Poissonnière, *moit.*

Portes (des).
Réale (de la).
Récollets (des).
Renard (du).
Route de Meaux.
Route de la Villet-
   te.
Samson.
Sauveur.
Spire.
Temple (du).
Tireboudin.

Thévenot.
Truanderie (de la
   grande).
Truanderie ( pe-
   tite, *moitié.*)
Verdelet.
Villeneuve (ci-de-
   vant Bourbon).
Vinaigriers (des),
Vinaigriers (ruelle
   des).
Voirie (de la).

---

## Sixième Municipalité.

Cette Municipalité est composée des divisions du Temple, des Amis de la Patrie, des Gravilliers et des Lombards.

Le chef-lieu, où se tiennent les bureaux et les audiences de police municipale, est à la ci-devant Abbaye Martin.

### Rues.

Angoulême (d').
Apolline.

Arcis (des), *moi-
tié.*

Aubry-le-Boucher.
Aumaire.
Avignon (d').
Beaujolais (de).
Boucherat.
Boulevard Martin, *moitié.*
—du Temple.
Bourg-l'Abbé.
Bretagne *moitié.*
Chapon *moitié.*
Charlot.
Cinq - Diamans (des).
Corderie ( de la ) , *moitié.*
Croix (de la).
Crucifix (du).
Crussol (de).
Cul - de - sac Bas-four.
—du Chat Blanc.
—des Etuves.
— Fiacre.
— du Fort aux Da-mes.
— de la Heaume-rie.

— de la Planchette.
— de la Porte aux Peintres
— du Puits de Ro-me.
— du - Pont - aux Biches.
Denis, *moitié.*
Ecrivains (des).
Egoût ( de l' ) du Ponceau.
Faubourg du Tem-ple (du), *moitié.*
Filles - du - Cal-vaire (des), *moi-tié.*
Folie Moricourt.
Fontaine Natio-nale.
Forez.
Fossés du Temple (des).
Fontaines (des).
Frépillon.
Grand Prieuré (du).
Gravilliers (des).
Grenéta.
Guérin-Boisseau.

Trousse-Vache.    Vert-Bois (du).
Vendôme (de).     Vertus (des).
Venise (de).      Vieille Monnoye.

## SEPTIÈME MUNICIPALITÉ.

Cette Municipalité est composée des divisions de la Réunion, des Arcis, de l'Homme-Armé et des Droits-de-l'Homme.

Le chef lieu où se tiennent les bureaux et les audiences de police municipale, est rue Avoye, maison d'Anière, n°. 160.

### Rues.

Anjou (d').             Bercy (de).
Antoine (rue) *par-     Berry (de),
  tie.*                 Billettes (des).
Arcis (des) *moitié.*   Blancs - Manteaux
Avoye.                    (des).
Ballets (des).          Bon.
Bar-du-Bec.             Bourtibourg.
Beaubourg.             Braque (de).
Beauce (de).           Bretagne(de)*moit.*

Brisemiche.
Chapon *moitié*.
Chaume (du).
Cimetière Nicolas *moitié*.
Cloche-Perche.
Cloître Méry.
Corderie ( de la ), *moitié*.
Coutellerie (de la).
Coq (du), Jean.
Coquilles (des).
Cour du More ( de la ).
Courroyerie (de la).
Croix-Blanche (de la ).
Croix-de-la-Bretonnerie.
Cul-de-sac des Anglais.
-- d'Argenson.
-- Baudoyer.
— Berthault.
-- du Bœuf.
-- Clairvaux.
— Coquerelle.
— Farou.,

-- Pecquai.
Culture-Catherine. (*partie*).
Deux portes (des).
Droits de l'homme (des), ci-devant du Roi de Sicile.
Ecouffes (des).
Epine (de l').
Francs-Bourgeois, *moitié*.
Geoffroi Langevin.
Gêvres. (de)
Grand - Chantier (du).
Grenier-Lazare.
Homme armé (de l')
Jacques - de - la - Boucherie, *moitié*.
Jean-Pain-Mollet.
Jouaillerie ( de la ) *moitié*.
Juifs (des).
Lanterne ( de la).
Limoges (de).
Marche (de la).
Marché Jean.

Tixeranderie ( de la ), *moitié.*
Touraine (de).
Transnonain (*partie*).
Vannerie (de la).

Verrerie (de la).
Vieilles Audriet-tes (des).
Vieilles - Etuves (des).

---

## HUITIÈME MUNICIPALITÉ.

Cette Municipalité est composée des divisions des Quinze-Vingts, Montreuil, Popincourt et de l'Indivisibilité.

Le chef-lieu où se tiennent les bureaux et les audiences de police municipale, est place du Parc, maison ci devant Villedeuil, n°. 289.

### *Rues.*

Aligre (d').
Amandiers (des).
Amelot.
Anastase.
Antoine. *moitié.*
André.
Avenue de Saint-Mandé.

Barbette.
Basfroid (de).
Beauveau (de).
Berci (de).
Bernard.
Boulets (des).
Boulevard de la Porte Antoine.

Buttes.
Chantiers (des),
Charbonniers(des).
Charenton (de).
Charonne (de).
Chemin de Ménil-
    Montant ( du ).
    *moitié.*
Chemin vert (du).
Claude.
Contrescarpe, *moi-*
    *tié.*
Cour de la Juive-
    rie.
Cul - de - sac Ber-
    nard.
— Claude.
— des Hospitaliè-
    res.
— Pierre.
— Claude. ( Ra-
    pée).
— de la Roquette.
— Sébastien.
Culture Catherine.
    *partie.*
Culture-Gervais.
Daval.

Denis.
Egoût (de l').
Echarpe (de l').
Faubourg Antoi-
    ne , (du).
François.
Filles-du -Calvaire
    (des) *moitié.*
Folie-Regnault.
Foin (du).
Francs -Bourgeois.
    (*moitié*).
Gervais.
Gilles. (petite rue
    neuve).
Gilles (neuve).
Harlay (de).
Jean-Beausire.
Juranthe.
Lappe (de).
Lecotte.
Lenoir.
Louis. (Marais).
Marché.
Marché de Beau-
    veau.
Marguerite.
Maur.

Menil - montant, (de). *moitié.*
Minimes (des).
Mont-Gallet (de).
Montreuil.
Murs de la Roquette (des),
Moreau.
Muette (de la).
Nicolas.
Neuve Catherine. *moitié.*
-- du Colombier.
Ormesson (d').
Oseille (de l').
Parc d'artillerie, (du) ci-dev. du Parc Royal.
Pas-de la-mule.
Payenne.
Perle (de la).
Pierre.
Pierre (petite rue).
Tiquepuce (grande, rue)
Place de la petite Bastille.(*moitié*)
-- du Parc d'artil-

lerie, ci-devant Royale.
-- de la Porte Antoine, *moitié.*
--- de Vincennes. ci - devant du Trône.
Planchette (de la).
Pont aux-Choux.
Popincourt.
Portes (des 12).
Quai de la Rapée.
Rambouillet (de).
Rapée (de la).
Rats (des).
Reuilly(pet.ruede)
Roi doré (du).
Roquette (de la).
Sabin.
Sébastien.
Temple(vieille rue du) *partie.*
Terres-fortes(des).
Thorigny.
Tournelles.(des).
Traversière, F. A.
Trois - pavillons. (des).

## NEUVIÈME MUNICIPALITÉ.

Cette Municipalité est composée des divisions de la Fraternité de la Cité, de la Fidélité et de l'Arsenal.

Le chef-lieu où se tiennent les bureaux et les audiences de police municipale, est le presbytère Jean, en Grève.

### Rues.

Abreuvoir (de l').
Anastase.
Antoine (rue), *moitié.*
Arsenal (l').
Audriette.
Bareillerie (de la), *moitié.*
Barthélemi, *moitié.*
Barres (des).
Beau Treillis.
Bretonvilliers.
Calandre (de la).
Cargaisons (des).
Cérisaye (de la).
Chanoines (des).
Chantres (des).
Chat-Frileux (du).
Chevet-Landry.
Christophe.
Cloître Notre-Dame.
Cocatrix.
Colombe (de la).
Contrescarpe, (*moitié*).
Croix (petite).
Cul-de-sac de l'Ave-Maria.
— d'Haumont.
— Lopis.

## DIXIÈME MUNICIPALITÉ.

Cette Municipalité est composée des divisions des Invalides, Fontaine de Grenelle, de l'Unité et de l'Ouest.

Le chef lieu où se tiennent les bureaux et les audiences de police municipale, est rue de l'Université, n°. 374.

### *Rues.*

Abbatiale.
Anjou (d').
Babylone (de).
Bacq (du)
Bagneux (de).
Barouillère (de la).
Beaune (de).
Belle-Chasse (de).
Benoit.
Boucheries des Invalides.
Boucheries (des). p. moitié.
Boulevard des Invalides.
Brodeurs (des).
Bussy (de).

Carrefour Benoit.
Carrefour de la Croix - Rouge. moitié.
Chaise (de la).
Cherche-midi(du). moitié.
Chaumière (de la) ci-dev. Bourbon-le-Château.
Cizeaux (des).
Colombier (du).
Comète de la).
Conseil-des-Cinq-cents (du)ci-dev, de Bourgogne.
Cour du dragon.

dev. des Théa-
tins.
Ravel (de).
Regard (du). *moit.*
Rosiers. (des).
Rousselet.
Ruelle.
Sabot (du).
Seine (de).
Sépulcre (du).
Séve (de).
Symphorien.
Taranne ( grande
rue).
Taranne, (petite
rue ).

Thionville, ci-de-
vant Dauphine,
*moitié*
Traverse (de).
Triperie ( chemin
de la).
Université(de l'),au
Gros-Caillou.
Varennes (de).
Vaugirard ( de )
*moitié.*
Verneuil (de).
Vieilles-Thuileries
(des).
Vierge (de la).

---

## ONZIEME MUNICIPALITÉ.

Cette Municipalité est composée des
divisions du Pont-neuf, Théâtre-Fran-
çais, Luxembourg et des Thermes.

Le chef-lieu où se tiennent les bureaux et les audiences de police municipale, est rue Mignon André-des-
Arcs.

## Rues.

André-des-Arcs.
Anne.
Augustins ( des
Grands ).
Aveugles (des).
Bareillerie (de la),
*partie.*
Barthélemi.
Battoir (du).
Beurière.
Boucheries ( fau-
bourg Germain),
*moitié.*
Boucherie (de la).
Boulevard d'Enfer.
--- du Mont - Par-
nasse.
Bout-de-Brie.
Brave (du).
Canivet (du).
Cannettes (des).
Carpentières.
Croix-Rouge (car-
refour de la ),
*moitié.*
Cassette.

Catherine.
Chat qui pêche(du)
Cherche-midi (du)
*moitié.*
Chevreuse (de).
Christine.
Cimetière - André-
des - Arts (du).
Cloitre Benoît(du).
Cluny (de).
Cordeliers (des).
Cordiers (des).
Contréscarpe.
Corneille (de).
Cour du commerce.
Cœur volant (du).
Cul - de - sac Ca-
gnard.
--- Féron.
— de la Cour de
Rohan.
--- N. - Dame des
Champs.
— du Paon.
-- des Quatre-
Vents.

—Salambrière.
Crébillon (de).
Dominique *moitié*.
Egalité ( de l' ) ci-
    dev. Condé.
Enfér (d') *moitié*.
Eperon (de l').
Férou.
Foin (du) Jacques.
Foire-Germain (de
    la).
Four Germain (du)
    *moitié*.
Fourneaux (des).
Fossés - Germain-
    des - Prés (des)
    *moitié*.
Fossoyeurs (des).
Francs - Bourgeois
    (des)
Garanciere,
Gindre (du),
Git-le-cœur.
Guillemain.
Guisarde.
Harlay (du).
Harpe (de la).
Hautefeuille,

Hirondelle (de l').
Honoré-Chevalier.
    (du)
Huchette (de la).
Hurepoix (du).
Hyacinthe.
Jacques, *moitié*.
Jardinet (du).
Jérusalem (de).
Liberté (de la) ci -
    dev. des Fossés-
    M.-le Prince.
Louis.
Màcon.
Maçons - Sorbonne
    (des)
Marché Germain.
Mathurins (des).
Mignon.
Mézières (de).
Molière (de)
Mont - Parnasse ,
    (du).
Nazareth (de).
Neuve N. - Dame-
    des-Champs.
Observance (de l').
Palais Directorial,

Turenne (de).
Vaugirard (de).
Vieux Colombier ,
  (du).

Voltaire (de).
Zacharie.

---

## DOUZIÈME MUNICIPALITÉ.

Cette Municipalité est composée des divisions du Panthéon , du Jardin des Plantes , de l'Observatoire et du Finistère.

Le chef lieu où se tiennent les bureaux et les audiences de police municipale , est rue Jean de Beauvais , au ci-devant collége de Lisieux.

### Rues.

Amandiers (des).
Anglais (des).
Anglaises (des).
Arbalêtre (de l').
Arras (d').
Banquier (du)
Battoir (du).
Bernardins (des).
Bièvre (de).

Biron (de).
Bon-Puits (du).
Boulangers (des).
Boulevard de la
  Glacière.
-- de l'Hôpital.
— Jacques.
Bourbe (de la).
Bourguignons(des)

Bordet.
Boucherie. (de la).
Buffon (de).
Cambrai ( rue et place ).
Capucins (des).
Carmes (des).
Cassini (de)
Censier.
Chartière.
Charbonniers (des).
Cheval verd (du).
Chiens (des).
Cholets (des).
Cimetière — Benoit (du).
Clef (de la).
Clopin.
Contrescarpe.
Copeau.
Croulebarbe.
Creuse ou des Cornes.
Cul-de-sac d'Amboise.
-- Bouvard.
-- des Corderies.
-- Dominique.
-- Hautefort.
-- de Versailles.
-- des Ursulines.
-- des Vignes.
Devillée.
Dominique , *moitié.*
Ecosse (d').
Enfer (d').
Épée de Bois (de l').
Etienne des Grès.
Faubourg Jacques.
Francs - Bourgeois (des).
Française.
Fromentelle.
Fontaine (de la).
Fouarre (du).
Four (du).
Fourcy (de).
Fossés - Bernard , (des).
Fossés - Jacques , (des).
Fossés-Victor (des).
Fer à moulin (du).
Galande.
Glacière (de la).

## *E R R A T A.*

*Changemens arrivés pendant l'impression.*

La Veillée, page 17, elle est fermée depuis quelque temps, on ignore si elle aura lieu encore, et on ne le croit pas.

Page 27, *où, dit-on, on veut bien l'écouter.* Lisez : où ses ennemis même veulent bien l'écouter ; car c'est à ces derniers que l'on s'adressait, par ironie.

Page 31, *Fay cadet.* Ce sont deux personnages distincts ; lisez Cadet, avec un C majuscule.

Page 42, première ligne, *le 25*, lisez le 23 de chaque mois.

Page 24, *Pourquoi ces erreurs.* Ce passage est expliqué à l'article *Société des Sciences et Arts*, page 179.

Page 39, Scherer, *ministre de la guerre*, lisez : Milet-Mureau.

*Ibid.* LECARLIER , *ministre de la police générale* , lisez : DUVAL.

Page 40 BOURSE. Aux mots : *est d'une heure* , ajoutez : à deux. On n'y entre qu'avec une patente, visée du Bureau central. Le cit. *Chevre* en est le concierge.

Page 51 , à la fin de l'article du Théâtre des Arts ; ajoutez : Avant que l'Odéon fût brûlé , on a parlé de l'y transférer : sans doute pour garantir la Bibliothèque nationale de tout danger d'incendie.

Page 61 , après le mot *Drame* , troisième ligne ; ajoutez : intéressant et moral.

Page 83 , après ces mots : *où furent les Français* , ajoutez : On y a donné le 21 ventôse dernier, une comédie , qui est tombée avant la toile , et parfaitement tombée , quoique l'auteur, acteur, ait voulu dire, en haranguant le public. Cette pièce avait pour titre : *Les effets de la pièce Misantropie et Repentir.*

Certes , ces effets-là ne sont pas beaux.
On l'a pourtant osé donner depuis.

Page 73, après ces mots : *en d'autres
mains*; ajoutez : On a dit que le citoyen
*Audinot* devait se réassocier avec
le citoyen *Picardeau*,ce qui ne pourrait
qu'ajouter au mérite de ce théâtre, déjà
très-bien composé ; mais il n'y a pas
d'apparence.

Page 81 , après ces mots : *les auteurs* ; ajoutez : On dit que le citoyen
*Ribié* va louer la salle qui servait aux
assemblées de la section de la Halle-au-
Bled, au coin des rues du Bouloi et
Coquillière , pour y monter un théâtre.
On ne peut que louer son courage , ses
efforts pour plaire au public , et son talent.

Même page, dernière ligne de la note
*salissent* ; lisez , tapissent.

Page 92 , *Théâtre des Délassemens.*

Ce théâtre vient de changer ce titre
en celui des *Jeunes-Élèves*, sans doute

pour rivaliser mieux celvi des *Jeunes-Artistes* : nous desirons qu'il change aussi son répertoire et ses talens.

Page 122, après l'article *soirées littéraires* ; n'oubliez pas l'intéressant Journal du citoyen *Jauffret*, intitulé le *Courrier des enfans*.

Page 129, quatrième ligne, après ces mots, *jusqu'ici*, ajoutez : si ce n'est dans le journal de Paris, où nous les puisons.

Page 61, article de l'Odéon, septième ligne, après l'*etc.*, ajoutez :

Le 27 ventose, à 7 heures du matin, le théâtre fut dévoré par les flammes. On avait donné la veille une première représentation de l'*Envieux*, qui, dit-on, n'a pas eu de succès. Un poëte latin a fait sur ce malheureux évènement, dont l'exemple se renouvelle un peu trop fréquemment, les quatre vers suivans :

*Cernis ubi cineres, excelsa theatra patebant.*
*Has tragica, has coluit musa jocosa domos.*

*Livida nativo Invidia hic depicta colore.*
*Vindictæ statuit mox monumenta suæ.*

TRADUCTION.

Les cendres, les débris qu'ici ton œil contemple,
Hier des Arts, du Goût étaient l'auguste
    temple ;
L'envie a dans ces lieux contre Thalie en pleurs,
De son cruel dépit signalé les fureurs.

Les acteurs de cette salle sont retournés depuis à celle de la rue de Louvois, qu'ils vont quitter encore, pour se réunir enfin tous au theâtre de la Répnblique. Puissent les quatre élémens respecter enfin cette intéressante réunion des plus célèbres artistes.

Un arrêté de la Police a, dit-on, enjoint aux Directeurs des petits spectacles du Boulevard de les fermer, jusqu'à ce qu'ils aient pris toutes les précautions possibles pour éviter à l'avenir les incendies. On croit que les dépenses qu'exigeront ces réservoirs , et les frais de garde, feront ce que le goût n'a pu faire encore, c'est-à-dire, en feront fermer plusieurs. Le théâtre Sans-Prétention serait alors le premier ; et les pièces de son trop fécond directeur ne donneraient plus de soufflets à la grammaire et au bon français. La multitude des spectacles ruine le peuple , engendre la paresse et le mauvais goût, augmente le prix des mains-d'œuvres , et engendre ce luxe des directeurs et de leurs favorites , qui insulte à la probité souffrante.

*Nota.* Nous avons encore à Paris une société philomatique.

# NOMENCLATURE GÉNÉRALE

## DES RUES DE PARIS,

### *Par ordre Alphabétique.*

| Rues. | Municipalités. | Rues. | Municip. |
|---|---|---|---|
| Abreuvoir (de l'). | 9 | Antoine. | 7, 8, 9 |
| Aguesseau (d'). | 1 | Apolline. | 6 |
| Abbatiale. | 11 | Arbalête (de l'). | 12 |
| Aiguillerie (de l') | 4 | Arbre sec (de l'). | 4 |
| Aligre (d'). | 8 | Arcis (des) | 6, 7 |
| Amandiers (des). | 8 | Arche Marion. | 4 |
| Amandiers (des). | 12 | — Pepin. | 4 |
| Amboise (d'). | 2 | Argenteuil (d'). | 2 |
| Amelot. | 8 | Arsenal. | 9 |
| Anastase. | 8 | Astorgues (d'). | 1 |
| Anastase. | 9 | Aubry le Boucher. | 6 |
| André. | 8 | Audriettes. | 9 |
| André-des-Arts. | 12 | Aumaire. | 6 |
| Ange. | 5 | Avenue de S. Mandé | 8 |
| Angivilliers. | 4 | Aveugles (des). | 11 |
| Anglais (des). | 12 | Avignon. (d'). | 6 |
| Anglaises (des) | 12 | Avoie. | 7 |
| Angoulême. | 1 | Babille. | 4 |
| Angoulême (d'). | 6 | Babylone. | 10 |
| Anjou (d'). | 1 | Bacq. | 10 |
| Anjou (d'). | 7 | Bagneux (de). | 10 |
| Anjou (d'). | 10 | Baillif. | 4 |
| Anne. | 11 | Baillet. | 4 |
| Antin (d'). | 2 | Bailleul. | 4 |

| Rues. | Municip. | Rues. | Municip. |
|---|---|---|---|
| Ballets (des). | 7 | Béthizy. | 4 |
| Banquier. | 12 | Beurière. | 11 |
| Barbe. | 5 | Bibliothèque. | 2 |
| Barbette. | 8 | Bienfaisance (dite | |
| Bar-du-bec. | 7 | de la). | 1 |
| Bareillerie. | 9, 11 | Bievre (de). | 12 |
| Barouillère. | 10 | Billettes (des). | 7 |
| Barthélemi. | 9, 11 | Biron (de). | 12 |
| Barres (des). | 9 | Blanche. | 2 |
| Basfroi. | 8 | Blanc - manteaux | |
| Basse du Rempart. | 1 | (des). | 7 |
| Basse-porte-Denis. | 3 | Bleue , ci - devant | |
| Batailles (des). | 1 | d'Enfer. | 2 |
| Battoir (du). | 11 | Bon. | 7 |
| Battoir (du). | 12 | Bon-conseil. | 5 |
| Beaubourg. | 7 | Bondi (de). | 5 |
| Beauce (de). | 7 | Bons-enfans. | 2, 4 |
| Beaujolais (des). | 1 | Bonne nouvelle. | 5 |
| Beaujolois (de). | 6 | Bon Puits (du). | 12 |
| Beaune (de). | 10 | Bordet. | 12 |
| Beauregard. | 5 | Boucher. | 4 |
| Beaurepaire. | 5 | Boucherat. | 6 |
| Beautreillis. | 9 | Boucheries-Honoré | |
| Beauvais (de). | 4 | (des). | 2 |
| Beauveau (de). | 8 | Boucheries des In- | |
| Belle-chasse. | 10 | valides. | 10 |
| Bellefond. | 2 | Boucheries ( des ) | |
| Benoît. | 10 | F. G. | 10, 11 |
| Bercy (de). | 7 | Bouclerie (de la). | 11 |
| Berci. | 8 | Boudreau. | 1 |
| Bergère. | 2 | Boulangers (des). | 12 |
| Bernard. | 8 | Boulets (des). | 8 |
| Bernardins. (des). | 12 | Bouloi (du). | 4 |
| Bertin-Poirée. | 4 | Boulevard de la | |
| Berry (de). | 7 | Chaussée d'Antin. | 2 |

| Rues. | Municip. |
|---|---|
| Boulevard de la Porte Antoine. | 8 |
| — Dénis. | 3, 5 |
| — d'Enfer. | 10 |
| — de la Glacière. | 12 |
| — de l'Hôpital. | 12 |
| — Jacques. | 12 |
| — des Invalides. | 10 |
| — de la Mâgdelaine | 1 |
| — Martin. | 5, 6 |
| — Montmartre. | 2 |
| — Mont-Parnasse. | 11 |
| — Poissonnière. | 2, 3 |
| — du Temple. | 6 |
| Bourbe (de la). | 12 |
| Bourdonnais (des). | 4 |
| Bourg-labbé. | 6 |
| Bourguignons (des) | 12 |
| Bourtibourg. | 7 |
| Bout-de-Brie. | 11 |
| Bout-du-monde. | 3 |
| Brave (du), | 11 |
| Braque. | 7 |
| Bretagne. | 6, 7 |
| Bretonvilliers. | 9 |
| Brisemiche. | 7 |
| Brodeurs (des). | 10 |
| Brunette. | 1 |
| Bucherie (de la). | 12 |
| Buffault. | 2 |
| Buffon. | 12 |
| Buisson Louis. | 5 |
| Bussy. | 10 |
| Buttes,] | 8 |
| Cadet, | 2 |

| Rues. | Municip. |
|---|---|
| Calandre (de la ). | 9 |
| Calonne. | 3 |
| Cannettes (des). | 11 |
| Canivet (du). | 11 |
| Capucins (des). | 12 |
| Carreau de la Halle. | 4 |
| Carrefour de la Croix Rouge. | 10, 11 |
| — Benoît. | 10 |
| Carême-prenant. | 5 |
| Cargaisons (des). | 9 |
| Carmes (des). | 12 |
| Carrouzel. | 1 |
| Carpentières. | 11 |
| Cassette. | 11 |
| Cassini. | 12 |
| Catherine. | 11 |
| Caumartin. | 1 |
| Cérisaye. | 9 |
| Cérutti, ci-devant d'Artois. | 2 |
| Censier. | 12 |
| Chabannois.. | 2 |
| Chaise (de la)· | 10 |
| Champs - Elysées, (des). | 1 |
| Champ-Fleuri. | 4 |
| Chanoines des). | 9 |
| Chantre (du) | 4 |
| Chantres. | 7 |
| Chantiers. | 8 |
| Chanvrerie. | 4 |
| Chapon, | 6, 7 |
| Charbonniers (des). | 12 |
| Charentou, | 8 |

Cul-

| Rues. | Municip. |
|---|---|
| Cul-de-sac de la Grosse Tête. | 6 |
| — du Guichet. | 10 |
| — d'Haumont. | 9 |
| — Hautefort. | 12 |
| — de la Heaumerie. | 6 |
| — des Hospitalières. | 8 |
| — Jacques l'Hôpital. | 5 |
| — Laurent. | 3 |
| — de L'Empereur. | 5 |
| — Louis. | 9 |
| — Marine. | 9 |
| — Martial. | 9 |
| — de Nevers. | 10 |
| — N.-Dame des Champs. | 11 |
| — Paul. | 9 |
| — du Paon. | 11 |
| — Pecquai. | 7 |
| — Petigneux. | 9 |
| — Pierre. | 3 |
| — Pierre. | 8 |
| — Pierre des Arcis. | 9 |
| — de la Planchett. | 6 |
| — du Pont aux biches. | 6 |
| — de la Porte aux Peintres. | 6 |
| — des Provençaux. | 4 |
| — du Puits de Rome. | 6 |

| Rues. | Municip. |
|---|---|
| Cul-de-sac des Quatre-Vents. | 11 |
| — Claude (Rapée). | 8 |
| — Rollin paye gage. | 4 |
| — de la Roquette. | 8 |
| — des Murs de la Roquette. | 8 |
| — Salambrière. | 11 |
| — Sébastien. | 8 |
| — Sourdis. | 4 |
| — Taitbout. | 4 |
| — de la Treille. | 4 |
| — des Trois Visages | 4 |
| — des Ursulines. | 12 |
| — de Versailles. | 12 |
| — des Vignes. | 12 |
| Culture Catherine. | 7, 8 |
| Culture Gervais. | 8 |
| Cygne (du). | 5 |
| Daval. | 8 |
| Déchargeurs. | 4 |
| Demi-Saint. | 4 |
| Denis. | 4, 5, 6 |
| Denis. | 8 |
| Desert (du). | 2 |
| Deux Anges (des). | 10 |
| Deux Boules (des). | 4 |
| Deux Ecus (des). | 3 |
| Deux Ponts (des). | 9 |
| Deux Portes (des). | 7 |
| Deux Portes (des). | 11 |
| Devillée. | 12 |

| Rues. | Municip. |
|---|---|
| Grille (de la) | 9 |
| Gros Caillou (du). | 12 |
| Gros Chenet. | 3 |
| Guénégaud. | 10 |
| Guérin Boisseau. | 6 |
| Guillaume. | 2 |
| Guillaume. | 9 |
| Guillaume. | 10 |
| Guillemain. | 11 |
| Guisarde. | 11 |
| Halle aux Bleds. | 4 |
| — aux Veaux. | 12 |
| — aux Vins. | 12 |
| Harlay (de). | 1 |
| Harlay (du). | 11 |
| Harpe (de la). | 11 |
| Hautefeuille. | 11 |
| Haut Moulin. | 6 |
| Hauts-Fossés Marcel. | 12 |
| Hazard (du). | 2 |
| Heaumerie (de la). | 6 |
| Helvétius . ci-dev. Ste. Anne. | 2, 3 |
| Hillerin-Bertin. | 10 |
| Hippolite. | 12 |
| Hirondelle (de l'). | 11 |
| Honoré; | 1, 2, 3, 4 |
| Honoré-Chevalier. | 11 |
| Homme armé. | 7 |
| Hôpital St. Louis. | 5 |
| Hospice de l'humanité, ci-dev. Hôtel Dieu. | 9 |
| Hospice national |  |

| Rues. | Municip. |
|---|---|
| des Femmes, ou la Salpêtrière. | 12 |
| Hôtel des Invalides. | 10 |
| Houssaye (du). | 2 |
| Huchette (de la). | 11 |
| Hurepoix. | 11 |
| Hyacinthe. | 11 |
| Jacinthe. | 12 |
| Jacques. | 11, 12 |
| Jacques la Boucherie. | 6, 7 |
| Jardins. (des). | 9 |
| Jardin des Plantes (du). | 12 |
| Jacquelet. | 3 |
| Jardinet (du). | 11 |
| Jacob. | 10 |
| Jean. | 10 |
| Jean Beausire. | 8 |
| Jean-de-Beauvais. | 12 |
| Jean-Denis.. | 4 |
| Jean-Lantier. | 4 |
| Jean-de-Latran. | 12 |
| Jean-pain-mollet. | 7 |
| Jean-Robert. | 6 |
| Jean-Jacques-Rousseau, ci-dev. Plâtrière. | 3 |
| Jean-Tison. | 4 |
| Jérusalem (de). | 11 |
| Jeûneurs (des). | 3 |
| Joseph. | 3 |
| Jouaillerie (de la). | 4, 7 |
| Jouy (de). | 7 |

| Rues. | Municip. |
|---|---|
| Judas. | |
| Juifs (des). | 12 |
| Juiverie (de la). | 7 |
| Julien-le-Pauvre. | 9 |
| Juranthe. | 12 |
| Jussienne (de la). | 8 |
| Ivry. (d'). | 3 |
| Lancry (de). | 12 |
| Langlade (de). | 5 |
| Lanterne (de la). | 2 |
| Lanterne (de la). | 7 |
| Lappe (de). | 9 |
| Lard (au). | 8 |
| Laurent. | 4 |
| Lavandières (des). | 5 |
| Lavandières (des). | 4 |
| Lazare. | 12 |
| Lazare. | 1 |
| Lecotte. | 2 |
| Lenoir. | 8 |
| Lepelletier. | 8 |
| Lesdiguières. | 2 |
| Lévêque. | 9 |
| Lévis (de). | 2 |
| Levrette (de la). | 1 |
| Liberté (de la), ci- | 9 |
| dev. Fossés M. | |
| le Prince. | 11 |
| Licorne (de la). | 9 |
| Lille (de), ci-dev. | |
| Bourbon. | 10 |
| Limace. | 4 |
| Limoges. | 7 |
| Lions (des). | 9 |
| Lombards (des). | 6 |

| Rues. | Municip. |
|---|---|
| Long-champ (de). | 1 |
| Lont-Pont (de). | 9 |
| Longue Avoine. | 12 |
| Loi (de la). ci-dev. | |
| Richelieu. | 2 |
| Louis. | 1 |
| Louis. | 8 |
| Louis. | 11 |
| Louvois. | 2 |
| Louvier (isle). | 9 |
| Lune (de la). | 5 |
| Lyonnais (des). | 12 |
| Mâcon. | 11 |
| Maçons - Sorbonne | |
| (des). | 11 |
| Madeleine (de la). | 1 |
| Magloire. | 6 |
| Mail (du). | 3 |
| Maillet. | 12 |
| Malthe (de). | 6 |
| Manufacture natio- | |
| nale des Gobe- | |
| lins. | 12 |
| Marais du Temple | |
| (des). | 5 |
| Marc. | 2 |
| Marche (de la). | 7 |
| Marché neuf (du). | 9 |
| Marché palu (du). | 9 |
| Marché. | 8 |
| Marché (du). | 1 |
| Marché de Beau- | |
| veau. | 8 |
| — aux Chevaux. | 12 |
| — Germain. | 11 |

| Rues. | Municip. |
|---|---|
| Marché Jean. | 7 |
| — neuf. | 9 |
| — des Patriarches. | 12 |
| Marigny. | 1 |
| Marie. | 10 |
| Marionnettes (des). | 12 |
| Marivaux. | 2 |
| Marguerite. | 8 |
| Marguerite. | 10 |
| Marmousets (des). | 9 |
| Martel. | 3 |
| Martin. | 6, 7 |
| Martyrs (des). | 2 |
| Martrois (du). | 9 |
| Maubuée. | 7 |
| Maur. | 5 |
| Maur. | 6 |
| Maur. | 8 |
| Maur. | 10 |
| Mauvais Garçons | 7 |
| Mauvais Garçons. | 10 |
| Mauvaises paroles. | 4 |
| Mathurins (des). | 11 |
| Matignon. | 1 |
| Mazarine. | 10 |
| Masure (de la). | 7 |
| Mêlée. | 6 |
| Ménars. | 2 |
| Ménétriers (des). | 7 |
| Ménil - Montant., (de). | 6, 8 |
| Mézières. | 4 |
| Mézières (de). | 11 |
| Michodière (de la). | 2 |
| Michodière (de la). | 3 |

| Rues. | Municip. |
|---|---|
| Michel-Lepelletier, ci-dev. Michel-le-Comte. | 7 |
| Mignon. | 11 |
| Milet. | 1 |
| Minimes (des). | 8 |
| Miroménil. | 1 |
| Moineaux (des). | 2 |
| Molière. | 11 |
| Mont-Blanc. ci-d. Chaussée d'Antin. | 1, 2 |
| Mondetour. | 4, 5 |
| Mont-gallet. | 8 |
| Mont-Hilaire. | 12 |
| Mont-Parnasse. | 11 |
| Monceau (du). | 5 |
| Monceau-Gervais. | 9 |
| Monnoie (de la). | 4 |
| Mortellerie (de la). | 9 |
| Morts (des). | 5 |
| Moreau. | 8 |
| Monsieur , ci-dev. | 10 |
| Montagne Geneviève. | 12 |
| Montreuil. | 8 |
| Montholon. | 2 |
| Montmartre. | 2, 3 |
| Montorgueuil. | 3, 5 |
| Montpensier. | 1 |
| Mouffetard. | 12 |
| Moulins (des). | 2 |
| Moulin de Croulebarbe. | 12 |
| Moulid de Gentilly. | 12 |

| Rues. | Municip. | Rues. | Municip. |
|---|---|---|---|
| Mousseaux. | 1 | Neuve Notre Dame | 9 |
| Moussy (de). | 7 | — N.-Dame des | |
| Mouton (du). | 7, 9 | Champs. | 11 |
| Muette (de la). | 8 | — d'Orléans. | 5 |
| Muette (de la). | 12 | — d'Orléans. | 11 |
| Mulets. | 2 | — Paul. | 9 |
| Mûrier. | 12 | — des Pet.-Champs | 2 |
| Nazareth. | 11 | — de Poitiers. | 1 |
| Neuve. | 2 | — de Ponthieu. | 1 |
| Neuve-Augustin. | 2 | — Roch. | 2 |
| — de Berri. | 1 | Nevers. | 10 |
| — des Bons-Enfans. | 2.4 | Nicaise. | L |
| — des Capucins. | 1 | Nicolas. | 8 |
| — des Capucines. | 1 | Nicolas. | 10 |
| — Catherine. | 7, 9 | Nicolas du Chardonnet. | 12 |
| — Charles. | 1 | Nonaindières (des). | 9 |
| — du Colisée. | 1 | Normandie. | 6 |
| — du Colombier. | 8 | Notre-Dame de Nazareth. | 6 |
| — Croix. | 7 | | |
| — Denis. | 6 | Notre-Dame de Recouvrance. | 5 |
| — Etienne. | 12 | | |
| — Eustache. | 3 | Notre-Dame des Victoires. | 2, 3 |
| — de la Fontaine. | 2 | | |
| — Geneviève. | 12 | Nouvelle. | 2 |
| — Gilles. | 8 | Nouvelle. | 4 |
| — Jean. | 5 | Noyers (des). | 12 |
| — Laurent. | 6 | Oblin. | 4 |
| — du Luxembourg. | 1 | Observance (de l'). | 11 |
| — Marc. | 2 | Ogniard. | 6 |
| — Martin. | 6 | Olivet. | 10 |
| — des Mathurins. | 1 | Orangerie (de l'). | 12 |
| — Médard. | 12 | Oratoire (de l'). | 1 |
| — Merry. | 7 | Oratoire (de l'). | 4 |
| — Nicolas. | 5 | Orfèvres (des). | 4 |

| Rues. | Municip. |
|---|---|
| Orléans. | 4 |
| Orléans. | 7 |
| Ormesson (d'). | 8 |
| Orties (des). | 1 |
| Orties (des). | 2 |
| Oseille (de l'). | 8 |
| Ours (aux). | 6 |
| Oursine (de l'): | 12 |
| Pagevin. | 3 |
| Palatine. | 11 |
| Palais du Conseil des Anciens. | 1 |
| — du Conseil des Cinq cents, ci-d. Bourbon. | 10 |
| — Directorial, ci-d. Luxembourg. | 11 |
| — Egalité, ci-dev. Royal. | 2 |
| — National des Sciences et des Arts, ci-d. vieux Louvre. | 4 |
| Paon (du). | 11 |
| Paon blanc. | 9 |
| Papillon. | 7 |
| Paradis. | 2 |
| Paradis. | 7 |
| Parc d'Artillerie (du), ci-d. Royal. | 8 |
| Parcheminerie (de la). | 11 |
| Pas-de-la-mule. | 8 |
| Pastourelle. | 7 |
| Passage Beaufort. | 6 |

| Rues. | Municip. |
|---|---|
| Passage Beaujolois. | 2 |
| — des Bernardins. | 12 |
| — des Carmelites. | 12 |
| — du Grand cerf. | 6 |
| — Esprit. | 9 |
| — des Feuillanti-nes. | 12 |
| — Faydeau. | 2 |
| — de la Grosse-tête. | 5 |
| — Honoré. | 4 |
| — des Jacobins. | 11 |
| — Jacques du Haut pas. | 12 |
| — Lazare. | 3 |
| — Montansier. | 2 |
| — Quincampoix. | 6 |
| — Ratziwill. | 2 |
| — du Saumon. | 3 |
| — Soubise. | 7 |
| — de la Treille. | 11 |
| — Valois. | 2 |
| Pavée. | 5 |
| Pavée. | 7 |
| Pavée-André-des-Arts. | 11 |
| Pavée. | 12 |
| Paul. | 9 |
| Parvis N. Dame. | 9 |
| Payenne. | 8 |
| Pépinière (de la). | 1 |
| Percée. | 9 |
| Percée. | 11 |
| Perche. | 7 |
| Perdue. | 12 |
| Périgueux. | 6 |

| Rues. | Municip. |
|---|---|
| Perle (de la). | 8 |
| Pères (des). | 10 |
| Pernelle. | 9 |
| Perrin-Gasselin. | 4 |
| Pet au diable (du). | 9 |
| Petits - Augustins. | 10 |
| Petit Bacq (du). | 10 |
| Petit Banquier (du). | 12 |
| Petit , ci - devant Bourbon. | 4 |
| Petit Bourbon (du). | 11 |
| Petits-Champs. | 4, 7 |
| Petit-chant de l'Alouette. | 12 |
| Petits degrés. | 12 |
| Petit Hurleur. | 6 |
| Petit Lion. | 5 |
| Petit Lion, F. G. | 11 |
| Petit Moine. (du). | 12 |
| Petit Musc. | 9 |
| Petit-Pont. | 11, 12 |
| Petit Reposoir. | 3 |
| Petit Vaugirard. | 10 |
| Petits Pères. | 3 |
| Petits Piliers. | 4, 5 |
| Petite rue Neuve Gilles. | 8 |
| Petite rue de Marivaux. | 6 |
| Petite rue Pierre. | 8 |
| Petite rue Taranne. | 10 |
| Petites Ecuries. | 3 |
| Philippe. | 5 |
| Phélippeaux. | 6 |
| Pierre. | 8 |

| Rues. | Municip. |
|---|---|
| Pierre. | 9 |
| Pierre aux Bœufs. | 9 |
| Pierre assise. | 12 |
| Pierre au Lard. | 7 |
| Pierre à Poisson. | 4 |
| Pierre Sarrazin. | 11 |
| Pinon. | 2 |
| Pironette. | 4 : 5 |
| Piques (des) , ci-d. Louis-le-Grand. | 1, 2 |
| Place de la Porte Antoine. | 3 |
| — de la Bastille. | 8, 9 |
| — Baudoyer. | 7, 9 |
| — Cambrai. | 12 |
| — du Champ d'Albiac. | 12 |
| — du Carrousel. | 1 |
| — de l'Ecole. | 4 |
| — de l'Ecole de Chirurgie. | 11 |
| — de Grève. | 7, 9 |
| — de la Liberté , ci-d. du Louvre. | 4 |
| — Maubert. | 12 |
| — Michel. | 11 |
| — de l'Odéon. | 11 |
| — du Pont Michel. | 11 |
| — du Palais Egalité, ci-d. Royal. | 1, 2 |
| — du Parc d'Artillerie, ci-d. Royale. | 8 |
| — du Panthéon. | 12 |
| — de la Révolution, | |

| Rues. | Municip. |
|---|---|
| ci-d. Louis XV. | 1 |
| — Sorbonne. | 11 |
| — Sulpice. | 11 |
| — Thionville, ci-dev. Dauphine. | 11 |
| — des Trois Maries. | 4 |
| — Vendôme, | 1 , 2 |
| — des Victoires. | 3 |
| — de Vincennes : ci-d. du Trône. | 8 |
| Planchette (de la). | 8 |
| Placide. | 10 |
| Planche (de la). | 10 |
| Planche Mibrai. | 6, 7 |
| Plat d'étain. | 4 |
| Plâtre-Avoie. | 7 |
| Plâtre-Jacques. | 12 |
| Plumet. | 10 |
| Pochet. | 10 |
| Poirées. | 11 |
| Poirier (du). | 7 |
| Poissonnière. | 3 , 5 |
| Poitevins (des). | 11 |
| Poitiers. | 10 |
| Poitou. | 7 |
| Poliveau. | 12 |
| Pologne (de la). | 1 |
| Pont (du). | 1 |
| Pont aux biches. | 6 |
| Pont aux biches. | 12 |
| Pont aux Choux. | 8 |
| — au Change. | 9 , 10 |
| — de Grammont. | 9 |
| — Marie. | 9 |

| Rues. | Municip. |
|---|---|
| Pont Michel. | 11 |
| — Notre-Dame. | 9 |
| — National. | 1 , 10 |
| — Neuf. | 4, 10, 11 |
| — de la Tournelle. | 9 |
| — de la Révolution. | 1 |
| Popincourt. | 8 |
| Port au bled. | 9 |
| Portes (des). | 5 |
| Portes (des douze). | 8 |
| Portefoin. | 7 |
| Porte-Paris. | 6 |
| Postes (des). | 12 |
| Poterie (de la). | 4 |
| Poterie (de la). | 7 |
| Pot-de-fer. | 11 |
| Pot-de-fer. | 12 |
| Poues (des). | 12 |
| Poultier. | 9 |
| Poulies (des). | 4 |
| Poupée. | 11 |
| Pourtour (du). | 9 |
| Préteret. | 2 |
| Prêtres - Etienne-du Mont. | 12 |
| Prêtres - Germain-l'Auxerrois. | 4 |
| Prêtres-Paul. | 9 |
| Prêtres Severin. | 11 |
| Prêcheurs (des). | 4 |
| Projettée. | 1 |
| Projettée. | 2 |
| Prouvaires (des). | 3 |
| Provence. | 2 |
| Puits. (du). | 7 |

| Rues. | Municip. | Rues. | Municip. |
|---|---|---|---|
| Révolution , ci-d. Royale. | 1 | Scipion. | 12 |
| | | Sébastien. | 8 |
| Révolutionnaire, ci-dev. Princesse. | 11 | Seine (de). | 10 |
| | | Seine (de). | 12 |
| Rheims (de). | 12 | Sentier (du). | 3 |
| Ribauté. | 2 | Serpente. | 11 |
| Richelieu (de). | 11 | Sept-Voies. | 12 |
| Richer. | 2 | Sepulchre (du). | 10 |
| Rochechouart. | 2 | Séve (de). | 10 |
| Rochefoucault. | 2 | Séverin. | 11 |
| Rocher. | 1 | Simon-le-Franc. | 7 |
| Rohan (de). | 1 | Singes (des). | 7 |
| Roi doré. | 8 | Soli. | 3 |
| Roquépine. | 1 | Sorbonne. | 11 |
| Rosiers (des). | 7 | Sourdière (de la). | 2 |
| Rosiers (des). | 10 | Spire. | 5 |
| Roule (du). | 4 | Surêne (de). | 1 |
| Rousselet. | 10 | Symphorien. | 10 |
| Route de Meaux. | 5 | Tabletterie (de la). | 4 |
| — de la Villette. | 5 | Tacherie (de la). | 7 |
| Ruelle des Vinaigriers. | 6 | Taille-pain. | 7 |
| | | Taitbout. | 2 |
| Ryoms (de). | 6 | Tannerie (de la). | 7 |
| Sabin. | 8 | Temple (du). 5, 6, 7 | |
| Sabot (du). | 10 | Terres-fortes (des). | 8 |
| Saintonge. | 6 | Théâtre Français (du) ou de l'Odéon. | 11 |
| Salle au comte. | 6 | | |
| Samson. | 5 | | |
| Sansonnets (des). | 12 | Thérese. | 2 |
| Santé (de la). | 12 | Thionville , ci-dev. Dauphine. | 10, 11 |
| Sartine. | 4 | | |
| Saussaies (des). | 1 | Thiroux. | 1 |
| Sauveur. | 5 | Thibautodé. | 4 |
| Savonnerie (de la). | 6 | Thomas. | 11 |
| Savoie (de). | 11 | Thomas du Louvre. | 1 |

Thévenot.

| Rues. | Municip. | Rues. | Municip. |
|---|---|---|---|
| Vertus (des). | 6 | Vieilles-Etuves(des) | 4 |
| Viarmes (de). | 4 | Vieilles-Etuves(des) | 7 |
| Victoire (de la), ci- | | Vieille Draperie. | 9 |
| d. Chantereine, | 2 | Vieux Augustins. | 3 |
| Victor. | 12 | Vieux Colombier. | 11 |
| Vide-gousset. | 3 | Vieille Estrapade. | 12 |
| Vierge (de la). | 10 | Vielles Garnisons, | |
| Vieille rue du Tem- | | (des). | 9 |
| ple. | 7 , 8 | Vieille monnaie. | 6 |
| Vignes. (des). | 12 | Vieille N.-Dame. | 12 |
| Ville l'Evêque. | 1 | Vieilles-Tuileries, | |
| Villeneuve, ci-dev. | | (des). | 10 |
| Bourbon. | 5 | Voirie (de la). | 5 |
| Villedot. | 2 | Voltaire. | 11 |
| Vinaigriers (des). | 5 | Vrillère | 4 |
| Vivienne. | 2 , 3 | Yvry (grande rue). | 12 |
| Vieilles Audriettes | | Zacharie. | 11 |
| (des). | 7 | | |

# EPILOGUE.

Obligés de renfermer une description
de Paris dans un seul volume, pour en faire
un véritable *Manuel portatif*, on sent
bien que nous avons dû omettre volon-
tairement ou par oubli bien des choses ;
mais nous avons tâché de donner au
moins aux voyageurs les instructions les
plus nécessaires ; et si quelque chose mérite dans notre travail, c'est la description exacte des rues.

(Il tient l'été faubourg du Temple , vis-à-vis la Caserne.